Ironie und Wahrheit

Fröhliche Wissenschaft 243

Helwig Schmidt-Glintzer

Ironie und Wahrheit

Theorie einer weltoffenen Verständigung

»Daher lautet die Frage nicht,
ob China das 21. Jahrhundert beherrschen wird,
sondern vielmehr, ob wir China in eine
universellere Vorstellung des
21. Jahrhunderts integrieren können.«
Henry Kissinger (1923–2023)

Meinen Eltern
Heinrich Eckhard Hansgeorg (1914–2008)
Erika Marie Emilie (1923–2022)
und meinen sechs Geschwistern
gewidmet.

Inhalt

I. Phönix oder Drache – Nervosität und Eigensinn

Die von Europa angestoßene Moderne ist über lange Zeit als eine alternativlose Entwicklung, geradezu als naturwüchsiger Prozess verstanden worden und viele glaubten, diese Moderne werde sich schließlich auf die ganze Welt erstrecken. So gab es früh schon die Befürchtung einer Einförmigkeit der Kulturen. Der Hegel-Schüler Karl Rosenkranz beklagte im Jahre 1872: »Noch hundert Jahre und der poetische Kontrast der bunten Mannigfaltigkeit der Naturvölker wird von der Einförmigkeit der Zivilisation auf unserem ganzen Planeten vernichtet sein, wie der Urwald durch die Pflugschar, wie das Raubtier durch das Feuergewehr.«[1] Von der »Notwendigkeit eines Weltstaates« war die Rede, andere sprachen von einer »Europäisierung der Welt«. Auf die Frage, »Gibt es für Sie eine räumliche Begrenzung Europas?«, antwortete Lord Ralf Dahrendorf (1929–2009) im Jahre 2006 im Hinblick auf die Europäische Union: »Insofern gibt es auch keine vorgegebene Grenze, wie viele Mitglieder der Club verträgt und wo er geografisch Grenzen aufbauen soll.«[2]

Klügere wissen dagegen, dass sich Geografie nicht ausblenden lässt.[3] Skepsis und Distanz bleiben überlebenswichtig, auch in der Form der Absonderung. Ein Indikator für die Fähigkeit zur Distanznahme sind die Bereitschaft zu Ironie und Humor, einschließlich Selbstreflexion und Kritikfähigkeit. Ironie war für Europa lange eine Selbstverständlichkeit,[4] wurde aber und wird bis heute China, das als zur Ironie unfähig gilt, abgesprochen. Das aber ist ein großer Irrtum oder zumindest ein Missverständnis, das es aufzuklären gilt. Daher sind Distanznahme, Ironie und Selbstreflexion, die auch in China eine lange Tradition haben, die Leitbegriffe dieses Buches.

Der Fortschrittsgeist aber scheint nur in eine Richtung zu gehen. Das glaubten lange Zeit auch die Verfechter des Marxismus, und die Anhänger eines Exzeptionalismus der Vereinigten Staaten halten bis heute daran fest, dass sich die Vorstellung eines von westlichen Werten geprägten Weltsystems durchsetzen werde.[5] Nur, so gab Carl Schmitt einmal zu Protokoll, seit »die Erde auch für unser praktisches Raumverhalten zu einem übersehbaren Globus geworden ist, steigern sich die mannigfachen Rivalitäten und Kollisionen der großen Mächte für einen Augenblick zu einem einfachen, globalen Dualismus«.[6] Dieser »Augenblick« schien mit dem Ende der Sowjetunion überwunden, und was kommen sollte, blieb, wie die Menschen der Barockzeit es noch zu benennen pflegten: »unvorgreiflich«. Eine Zeit des Friedens, ein Ende der Geschichte schienen angebrochen zu sein, in dem es nur noch Fortschritt gab. Inzwischen aber zeigen sich neue Krisen, und ein neuer Augenblick kündigt sich an, in dem die lange so ferne Insel Taiwan, die den Portugiesen als »die Schöne« (Formosa) galt, der Anlass für einen neuen großen Konflikt wird, bei dem »China und die Vereinigten Staaten in einen neuen Weltkrieg schlittern«.[7] Während allmählich die Erderwärmung neue Triebkräfte entfesselt, wird die Öffentlichkeit auf den Krieg als »Ernstfall« vorbereitet. Dazu dient in Deutschland die offizielle Chinastrategie, die, wie man den vorab bekannt gewordenen Entwurfsfassungen unmissverständlich entnehmen konnte, von der Annahme eines wahrscheinlichen Kriegsausbruchs um Taiwan ausgeht. Bei der vereinfachenden Rede von der »systemischen Rivalität« zwischen Demokratie und Autokratie aber wurde der Umstand vollkommen ausgeblendet, dass China selbst ein hochkomplexes politisches System mit vielen inneren Spielräumen darstellt.

Stattdessen wurde das alte Klischee von der »Orientalischen Despotie« wiederbelebt, um so die Reihen des Westens zu schließen, der sich zunehmend von den universalistischen Maximen der Aufklärung abwendet und allerorten in einen neuen Tribalismus und Stammeskulturen auflöst.[8] So glaubten manche, das aufstrebende China in seine Schranken zu weisen. Mit dieser Strategie verblassen die bisher hochgehaltenen und in der Charta der Vereinten Nationen niedergelegten Wertvorstellungen der Gleichberechtigung der Länder. Konfrontation wird zum Leitmotiv und begründet eine Regulatorik, wie sie bereits einmal im Kalten Krieg die internationalen Beziehungen bis in die Wissenschaften prägte.[9] Um dennoch Kollisionen vorausblickend zu vermeiden, sind neben Aufmerksamkeit für die Details Abstandnahme und ein distanzierter Blick empfehlenswert und dringlicher denn je.[10] Dabei wird der zivilisatorische Prozess in China aus europäischer Perspektive und mit Distanz geschildert und in den Mittelpunkt der Aufmerksamkeit gerückt sowie Spiel- und Möglichkeitsräume für Begegnungen ausgeleuchtet.

Zuvorderst geht es um eine Haltung und erst in zweiter Linie um poetologische Begrifflichkeit. Weil die Haltung der ironischen Distanzierung sich immer durch die konkrete Lage und zugleich durch die Positionierung des Subjekts ergibt, ist das Begriffsfeld für Ironie fließend und vor allem offen. Deswegen herrscht Unsicherheit, ob etwa *fengci* 諷刺 wirklich »Ironie« heißt, wie es im Lexikon steht, oder doch nur »Satire üben«. *Feng* 諷 heißt »spotten, verspotten, verhöhnen«, und *ce* 刺

ist »Spott, ein Stachel«. Aber auch *lengchao* 冷嘲 oder *fanhua* 反話 können die Bedeutung »Ironie« haben. Dass *fengcijia* 諷刺家 den Ironiker bezeichnet, ist aber eher ein Neologismus, *jifeng* 譏諷, »sich lustig machen«, dagegen schon älter. Der Begriff *kebo* 刻薄 für »sarkastisch« findet sich im *Hongloumeng*, dem großen Sittengemälde aus dem 18. Jahrhundert. Der Anspielungsreichtum und das hohe Maß an angenommener Intertextualität sind ein fruchtbarer Nährboden für Ironie, deren Auslegung allerdings abhängig ist vom jeweiligen Bildungshorizont.

Das im chinesischen Selbstverständnis kultivierte Verhältnis zu einer eigenen langen Geschichte macht historische Dokumente leicht zur Folie für eine Kritik an der Gegenwart, so dass eine chinesische Leserschaft der Tradition des *jiegu fengjin* 借古諷近 (»mit dem Alten dem Neuen beziehungsweise der Gegenwart einen kritischen Spiegel vorhalten«) folgt.[11] Bei der Bemühung der Vergangenheit beruht Ironie auf der unverzichtbaren Annahme, dass wir in *einer* Welt leben. Denn wir können uns nur innerhalb einer geteilten Welt ironisch aufeinander beziehen und werden allein schon deswegen dazu ermuntert, weil wir diese Welt naturgemäß unterschiedlich wahrnehmen. Natürlich kann man von verschiedenen Welten sprechen, die sich als Welten aufeinander beziehen, in denen ich selbst aber nicht mehr Subjekt bin. Die Rede von unterschiedlichen Wertsphären (Max Weber) ebenso wie das Konzept der »multiplen Modernen« (Shmuel N. Eisenstadt) stehen dabei nicht im Widerspruch zu der hier geteilten Überzeugung, dass es nur eine Welt gibt, an der wir mit guten Gründen festhalten. Denn auch wenn Menschen die Welt, die sie erforschen, selbst konstituieren oder »selbst machen«, so bleibt es doch die eine Welt.[12] Zugleich wissen wir, dass wir, wenn wir von der Welt reden, das »Erkenntnisspiel noch gar nicht eröffnet« haben.[13] Da wir aber die eine Welt mit anderen Menschen teilen, spricht Hannah Arendt von einer »gemeinsamen Welt«, die »nicht schon darum, weil sie von Menschen hergestellt ist«, menschlich ist, sondern »unmenschlich bleibt, wenn sie nicht dauernd von Menschen besprochen wird«. »Erst indem wir darüber sprechen, vermenschlichen wir das, was in der Welt, wie das, was in unserem eigenen Innern vorgeht, und in diesem Sprechen lernen wir, menschlich zu sein.«[14] Ironie findet im Vollzug solchen Sprechens statt. Der Konfuzius zugeschriebene Satz »*shu er buzuo* 述而不作«, »überliefern, nicht selbst schaffen«, ist genau in diesem Sinne zu lesen und bezieht sich darauf, dass wir im Gespräch zunächst einen einheitlichen Bezugsrahmen unterstellen oder diesen anstreben sollten.[15] Zugleich greift der Satz die Einsicht auf, dass bei unterschiedlichen Bezugsrahmen Aussagen über

Sachverhalte verschieden aufgefasst werden, auch wenn sie die gleichen Sachverhalte meinen. Nun kann man die Vielfalt der so formulierten Versionen als eine Art geregelten Perspektivwechsel auffassen. Da sich die unterschiedlichen Perspektiven in der Regel nicht nach einer Transformationsregel glatt ineinander überführen lassen, kommt hier die Ironie ins Spiel. Diese, so könnte man es auch formulieren, zeichnet sich dadurch aus, dass sie die Geltungsansprüche unterschiedlicher Perspektiven anerkennt und jene Unschärfe anspricht, die darin besteht, dass es keine eindeutigen Transformationsregeln gibt, sich also nicht alles ohne einen Überschuss von Sinn ineinander überführen lässt. Diesen Sinnüberschuss kenntlich zu machen, ist Aufgabe der Ironie, und damit umgehen zu können, ist Fähigkeit zur Ironie, welche auch der »chinesischen Welt« eigen ist.

In Zeiten von Veränderungen, wenn sich Maßstäbe verschieben und Umwertungen durchsetzen – etwa während der Kulturrevolution –, konnten zunächst bedeutungslos erscheinende Aufzeichnungen, etwa harmlose Tagebucheinträge, Einzelne in den Augen der eifernden Partei unter Verdacht geraten lassen; wodurch die Fähigkeit zur Ironie unterbunden und die Angst vor Verfolgung und Willkür zum ständigen Begleiter wurde. Das beschreibt eindrücklich der prominente Shanghaier Kulturhistoriker Zhu

Weizheng (1936–2012) im Vorwort zur englischen Ausgabe seines Werkes *Der lange Weg heraus aus dem Mittelalter* (*Zouchu zhongshiji*) von 1989, in dem er die Fesselungen der Intellektuellen Chinas beschreibt, wie ihre Texte einer geradezu willkürlichen Auslegung unterworfen und als Angriff gegen die Mächtigen ausgelegt und kriminalisiert werden.[16] Bei derartigem »zwischen den Zeilen lesen« werden »die dürren Worte« (*weiyan* 微言) in ihrer Bedeutung überdehnt und damit fehlgedeutet. Da ist dann Ironie nicht mehr am Zuge. Mit dem *weiyan dayi* 微言大義 ist gemeint, »in dürren Worten die großen Angelegenheiten von Kaiser und Reich zur Sprache bringen«, wobei mit den »großen Angelegenheiten« (*dayi* 大義) lapidar auf das verwiesen wird, »worum es geht«.[17]

Erkennen und vermessen lassen sich die auf Benennung von Sinnüberschüssen gerichteten Distanznahmen nur bei umfassender Vertrautheit mit durch vielfältige Diskurse geprägten Bildungshorizonten. Auch Katastrophen rufen danach, aus der Distanz gesehen zu werden, aus einer ironischen Distanz. Dies aber wird nur von Wohlmeinenden verstanden und erfordert treffende Formulierungen. Das bekräftigt die wichtigste Poetologie Chinas, das *Wenxin diaolong* 文心彫龍 des Liu Xie 劉勰 (465–522), der sich auf das *Buch der Lieder* und auf dessen Anweisungen und Lob für den Edlen beruft, und der dabei zugleich den Eigensinn unbelehrbarer Herrscher brandmarkt.[18] Entsprechend erklärt Liu Xie: »Humor richtet sich an alle und formuliert in einfacher Sprache, was jedermann versteht und an dem sich alle erfreuen können«, mit dem ausdrücklichen Hinweis, dass es dabei gerade auf eine »dürre Ausdrucksweise« (*weifeng* 微諷) ankomme – man könnte sie auch »subtil« nennen.[19] Anspielungen und Verhüllung, Zuhören und ein offener Blick bleiben erlaubt, aber all das ist nicht unabhängig vom Gegenüber und bleibt etwaigen Fehldeutungen ausgesetzt.

In diesem Sinne ist China gerade wegen seiner vielfältigen schriftlichen Überlieferungen mehr noch als der Westen zu Ironie und Distanznahme disponiert und gerade darum für eine Überwindung von Konfrontationen, inneren ebenso wie globalen, besonders gut vorbereitet. Das zu thematisieren ist gegenwärtig, wo sich, wie bereits angedeutet, ein den alten Ost-West-Gegensatz beerbender neuer Dualismus herauszubilden scheint, dringlicher denn je. Denn inzwischen, auch um seine eigene Rolle nach innen wie nach außen zu bekräftigen, bezieht sich China zunehmend auf die Vereinigten Staaten als Hauptkontrahenten und reklamiert für sich, wie die USA auch, einen Exzeptionalismus und damit eine Sonderrolle.[20] Das steigert den vom Westen unter Führung durch die Vereinigten Staaten forcierten Dualismus von Demokratien und Autokratien und rückt den lange Zeit propagierten Multilateralismus in den Hintergrund.

Zu einer Beurteilung der gegenwärtigen Konstellationen ist es nötig, die Besonderheiten Chinas freizulegen und zu verstehen. Dies ist das zentrale Anliegen der Sinologie, auch um gängige Chinabilder und Klischees zu überprüfen. Sie hört nicht nur auf die offiziellen Verlautbarungen und die Indoktrinationsrhetorik sowie die vielfältigen innerchinesischen Diskurse, sondern beschäftigt sich mit allen Sinnressourcen, die sich in immer neuen Konstellationen formieren. Dazu gehören die vielfältigen religiösen und rituellen Traditionen und damit verknüpfte Bildwelten und Narrative. Embleme sind dabei wichtige Elemente und schließen auch Fabelwesen ein, was hier an dem Beispiel von Drache und Phönix veranschaulicht werden soll.

Wenn China gerne als Drache bezeichnet wird, der die Welt zu schlucken drohe, so wird leicht übersehen, dass der Drache (*long* 龍)[21] in den Augen der Chinesen eher ein Korrektiv des Staats und geradezu das Gegenteil von dem ist, als welches die Angehörigen der chinesischen Kultur den chinesischen Staat oder die Herrschaft der Kommunistischen Partei sehen.[22] Über den Drachen und dessen Deutung verfügt ausdrücklich nicht der Herrscher allein, vielmehr steht die Definitionsmacht auch dem Volk zu Gebote, bei dem der Drache zumeist als Regengottheit verehrt wird. Solche Verfügbarkeit von Vorstellungen und Begriffen durch Instanzen außerhalb des Hofes, durch die Literaten wie das Volk, schließt selbst den Königsbegriff ein und hängt mit der für China spezifischen Ausprägung des Verhältnisses von Sakralität und Profanität zusammen.[23] Überlegungen zum Verhältnis zwischen Herrschern und Volk könnten hier weiterentwickelt werden unter Einbeziehung verschiedener Regionen Chinas und der in den Weltbildern verankerten spirituellen Vielfalt, zu der neben den Dimensionen Raum und Zeit[24] wegen der Bedeutung des für die chinesische Kultur zentralen Elementes Wasser auch das Klima gehört.[25] Der hiermit angedeutete politisch-sakrale Aggregatzustand muss also im Auge behalten werden, wenn wir über China und seine Möglichkeiten nachdenken. Das beherzigt offenbar auch die Kommunistische Partei Chinas (KPCh), wenn sie die Bürgerinnen und Bürger Chinas mit Appellen und Ermahnungen in erzieherischer Absicht konfrontiert.

Neben dem im Westen oft mit China identifizierten Drachen, der eher das Volk repräsentiert, steht der *fenghuang* 鳳凰 genannte Phönix für das kaiserliche Paar und damit für den Staat als Ganzes. So kommt dem Phönix gegenüber dem

Drachen eine Sonderstellung zu. Er bewacht den Palast als das Zentrum des Staatskultes und der Herrschaft.[26] Der Phönix, an einen Fasan oder Pfau erinnernd, hat ein farbenprächtiges Gefieder in den fünf Hauptfarben: Der grüne Kopf steht für Güte, der weiße Hals für Gerechtigkeit, der rote Rücken für Anstand, die schwarze Brust für Weisheit und die gelben Füße für Glaubwürdigkeit und Treue. Weitere Bilder könnten aufgerufen werden, so der auch als Chinesischer Sonnenschirmbaum bekannte Wutong-Baum 梧桐, in der Botanik bekannt als *Firmiana simplex* syn. *Sterculia platanifolia*, bei dem sich der Phönix aufhält. Dieser steht neben dem Einhorn (*qilin* 麒麟) auch für Barmherzigkeit, geht aber nicht wie in Griechenland in Flammen auf, um sich zu erneuern, sondern er bleibt und pflanzt sich fort. Gemeinsam stehen diese Embleme auch für den Fürsorgecharakter des Staats. Daher lässt sich die Frage nach Identität und Dauer Chinas als aus Gemeinschaftsbildungsprozessen konstituiertes staatliches Gebilde in die Frage kleiden, »warum der Phönix nicht verbrennt«.

Im Zusammenspiel der Embleme wie in der Raumordnung ganz allgemein konstituieren sich Grenzen unterschiedlichen Ranges, nach innen wie nach außen. Die Mahnung des Laozi ist geläufig: »Lass die Leute den Tod wichtig nehmen und nicht in die Ferne schweifen.«[27] Bei Grenzüberschreitungen von außen nach innen macht man im Allgemeinen besser keine Witze und Humor ist nicht angesagt. Im Ernstfall ist zu lachen nämlich nicht erlaubt, und wer im falschen Moment lacht, macht sich unmöglich. Das gilt überall, und so auch in China. Da mögen Kontrollprozeduren noch so merkwürdig anmuten. Höflichkeit aber kann von Nutzen sein, wie bei Bertolt Brecht die *Legende von der Entstehung des Buches Taoteking auf dem Weg des Laotse in die Emigration* zu berichten weiß. Zur Vorbeugung gegen Grenzüberschreitungen gibt es die überall präsente Unterscheidung von Innen (*nei* 内) und Außen (*wai* 外), zu welcher Chinabilder außerhalb Chinas oft in einer asymmetrischen Beziehung stehen. Dieser Innen-Außen-Bestimmung kommt bei den internationalen Beziehungen eine zentrale Rolle zu, weil gerade Einmischungen in innere Angelegenheiten besonders leicht zu Abwehrreaktionen und Konflikten führen. Sie ist aber auch im Mikrobereich wirksam, weil sie Zugehörigkeit definiert, von der Familie über die enge Nachbarschaft bis hin zur Region oder auch der landsmannschaftlichen oder ethnischen Gruppe. Die Innen-Außen-Bestimmung ist aber auch konstitutiv für die Verortung des Einzelnen gegenüber der Umwelt und in spezifischer Weise der Landschaft, deren Begriff in der Dichtung wie in der Malerei in China gebildet wurde, bevor er in Europa prägend für die Bildenden Künste wurde.[28]

Grenzziehungen kann es also innerhalb des Landes geben, verbunden mit Perspektivwechseln, mit Komik und Gelächter. Diese sind in China zu Hause, und Ironie ist bei den Gebildeteren alltäglich. Sie brauchen diese sogar, um sich von der Andersartigkeit und dem Eigensinn ihrer Landsleute abzusetzen. Sie pflegten eine gewisse Abstinenz im Moralischen, ganz pragmatisch und wohl wissend, wie rasch sie sonst zu doppelten Standards gezwungen wären.[29] Bekennerhaftigkeit war nicht ihr Ding, was oft als Mangel an Individualität missdeutet wurde. Ironie und Komik im Alltag, auf den Singspiel- und Schattentheaterbühnen, in den Novellen und Romanen dienen zur Selbstaffirmation, zum Verlachen, Verspotten und Verhöhnen sowie zur Selbstherabsetzung, die auch zu einem Mittel der Selbststärkung werden kann. Davon zeugen umfangreiche Witz- und Scherzsammlungen, und damit haben sich seit längerem schon auch Präsentationen in europäischen Sammlungen auseinandergesetzt.[30]

Es geht hier um Abstände und auch um Angespanntheit und Befremdlichkeit innerhalb des Systems Chinas, das vom Misstrauen der Regierenden gegenüber der Bevölkerung lebt, die zu den Regierenden als Teil des Systems ihrerseits auf Distanz geht.[31] Deswegen sucht China nach Harmonie und weiß doch, dass dies niemals bloß Ruhe und Stille bedeuten kann – und dass immer dann, wenn Harmonie mit besonderer Anstrengung gesucht oder oktroyiert wurde, große Katastrophen die Folge waren. Wenn heute der Traum von einem gesamtgesellschaftlichen Subjekt geträumt wird,[32] bleibt dies eingebettet in Ambivalenz und zeigt sich im Rückzug einzelner und in akademischen Debatten, die wie vor tausend Jahren den Status der Rand- und Grenzgebiete und vieles mehr diskutieren. China war nämlich immer ein »nervöses System«[33] und sah sich selbst kritisch. Spätestens seit dem Scheitern des letzten Kaiserreiches hält die Nervosität an. Diese Haltung des Selbstzweifels hat der »Vater der modernen chinesischen Literatur«, Lu Xun 魯迅 (1881–1936), seziert und gepflegt, namentlich in seiner Erzählung von jenem »großartigen Selbstverächter« A Q aus dem Jahr 1921, der das Beiwort »Selbstverächter« schnell fallen ließ und für sich selbst dann immer wieder einfach der »Großartigste«, die Nummer Eins blieb.[34] Er war die Karikatur des verblendeten Bekenners. *Die wahre Geschichte des A Q* wird immer wieder aufgegriffen, im Alltag ebenso wie in den Künsten, und in der chinesischen Welt sind Reklamationen wie »China First« ebenso wie »America First« nichts als AQ-ismen.

Natürlich gab es immer auch Empfindlichkeiten. Nicht nur Einzelne wehrten sich, vielmehr hat es besonders von offizieller Seite wiederholt Versuche gegeben, China vor einem spöttischen Blick zu schützen, wie es auf humorlose und geradezu groteske Weise in den Auseinandersetzungen um den italienischen Regisseur Michelangelo Antonioni zum Ausdruck kam, worauf ich später noch zurückkommen werde. Solche Reaktionen des offiziellen China haben mit dazu beigetragen, dass die alteuropäische Vorstellung von China als dem mit Indien »außer der Weltgeschichte« liegenden Reich, wo in den Worten Hegels das Sittliche »nicht als Gesinnung des Subjekts, sondern als Despotie des Oberhauptes« erscheint,[35] weiter gepflegt und die seit den Anfängen der chinesischen Kultur bestehende große Lebendigkeit und Dynamik ausgeblendet werden. Dieser Lebendigkeit und den Sphären und Spielräumen von Dissens und Kritik und damit auch von Ironie, Witz und Satire gilt unsere Aufmerksamkeit.

Bei den inzwischen wiederholt genannten heftigen Reaktionen von Partei und Staat gegen Kritik von außen und innen haben manche vermutet, China habe sich in Bedrängnis gefühlt, in einer Art Ausnahmezustand, um Spott des Auslands nicht wieder über sich ausgeschüttet zu wissen. Das war zu einer Zeit als sich China noch als »kranken Mann« sah, mit der Tendenz zur Genesung. Wo aber steht es jetzt? Das ist eine offene Frage, die zu beantworten auch etwas mit Chinas Distanzierungsfähigkeit und daraus resultierender Resilienz zu tun hat. Warum gerade China im weltweiten Vergleich trotz aller Sensibilität nach innen ein so großes Resilienzpotential gegenüber Katastrophen und Unordnung hat, erklärt sich aus seiner Nüchternheit, gepaart mit Lernfähigkeit, Beweglichkeit und dem Zulassen von Gestaltungsspielräumen. Diese haben auch etwas mit der Größe des Landes und dessen innerer Vielfalt, ebenso wie mit den historischen Erfahrungen zu tun. Es ist die Fähigkeit zur inneren Distanznahme. Einen Beitrag hierzu leistet auch, dass die Menschen angesichts politischen Drucks weder die Unterwerfung, noch die Gefolgschaft und selten die Flucht wählen und sie innerlich frei bleiben, auch wenn sie sich gebotenen Regeln geschickt anzupassen bereit und in der Lage sind. Hierbei spielen Traditionen von Distanznahme und Ambivalenz eine Rolle, eingeübt seit Jahrhunderten, die immer wieder Wege aus scheinbarer Ausweglosigkeit finden lassen. Einblicke in diese Resilienzpotentiale eröffnen sich bei einer vorurteilslosen Betrachtung Chinas, zu der eine Auflösung zunächst frappierender Widersprüche in der Wahrnehmung Chinas beitragen kann. Solche Einblicke schärfen zugleich den Blick für ähnliche Potentiale in Europa, um so einen Austausch zwischen Europa und China, das Gottfried Wilhelm Leibniz in klarsichtiger Weise einmal zu Recht »Europa des Ostens« nannte, zu begünstigen.

II. Europas Selbstgewissheit

Westliche Wahrnehmungsmuster

Der Westen hält sich selbst für nüchtern und rational und beruft sich auf das Erbe der europäischen Aufklärung. Man sieht dies verwirklicht in den Freiheitsbewegungen und den demokratischen Institutionen, wie sie in England, Frankreich und den Vereinigten Staaten und schließlich auch in Deutschland und fast ganz Europa verbreitet sind – und wundert sich darüber, dass die so realisiert geglaubten Werte nun nicht in aller Welt Anklang finden. Dabei gibt es dafür gute Gründe. Gerade im Fall Chinas hätte man eigentlich nichts anderes erwarten können. Dass nämlich dort die Staats- und Gemeinschaftsbildungsprozesse im 20. Jahrhundert einen anderen als den europäischen Weg nehmen würden, war nicht nur eine Folge der Tradition, sondern auch geopolitischer Konstellationen, weil insbesondere die Vereinigten Staaten, England und Russland in der Mitte des 20. Jahrhunderts kein Interesse an einem zersplitterten China hatten und daher regional differenzierte demokratische Prozesse –

von Taiwan einmal abgesehen, und auch dort erst nach langer Diktatur – nicht implementiert werden konnten. Die institutionellen und pädagogischen Erbschaften waren ohnehin verschieden.

Aus der Sicht des westlichen Europa wurden die Erwartungen gegenüber China zudem durch eine ambivalente Haltung gehegt. Seit sich Europa 1648 nach der Konsolidierung durch den Westfälischen Frieden neu sortiert und im 19. Jahrhundert zur endgültigen Erschließung der Welt auch nach China aufgemacht hatte, war dieses »Reich der Mitte« immer wieder aufs Neue auf die Bühnen der Opernhäuser und Theater gestellt worden und hatte in den barocken Salons Repräsentation nicht nur durch Porzellane, sondern durch vielfältige Bilder und Illustrationen gefunden.[1] Das so in den Augen des Westens als aufgeklärte Despotie dargestellte und dann zu einer Art Mumie gewordene China begann sich bald aber seinerseits zu regen, und so stellte sich die Frage, ob das erwachende China tatsächlich jene Merkmale aufweist, ohne die in westlichen Augen Lebendigkeit nicht zu denken ist. Um so mehr war man überrascht, als sich Lebendigkeit ohne die Durchsetzung westlicher Vorstellungen zeigte.

Tatsächlich aber hatte sich China im 20. Jahrhundert zusehends in einer geradezu atemberaubenden Weise verwestlicht, wie man an der schubweisen Industrialisierung und den Urbanisierungsprozessen und nicht zuletzt an der Einrichtung westlicher Schulen und Universitäten ablesen kann. Da solche Verwestlichung aber für China als Ganzes gelten sollte, blieb der europäische Weg einer Vielstaatenlösung oder einer Föderation versperrt. Zugleich war immer klar, dass der westliche, der europäische Weg auch Rückseiten hat, in denen sich spiegelte, dass die europäischen Lebensformen des 20. Jahrhunderts nicht wirklich universell sein können, weil das die Möglichkeiten der Erde als Lebenswelt für den Menschen überfordern würde. Wolfgang Schäuble (1942–2023) hielt »die alternativlose und globale Durchsetzung des westlichen Wirtschafts- und Konsummodells« nicht für zielführend »für die Legitimität internationaler Ordnung in Zeiten der Globalisierung« und fuhr fort: »Ohne Maß und Mäßigung zerstört sich jedes von Menschen geschaffene System. Aus der Vielfalt religiösen Suchens und kultureller und geschichtlicher Erfahrungen wachsen Einsichten über Normen und Grenzen, Werte, ohne die weder Europa noch der Westen noch eine globale Ordnung im 21. Jahrhundert auskommen [...]«.[2] Die Befolgung der Vorgaben des Westens ist im sogenannten globalen Süden längst schon und sichtbar einer Ernüchterung gewichen. Da es also nicht zu einem Weltstaat oder einer Homogenisierung politischer Strukturen kam, wie sie bis in die Mitte des

20. Jahrhunderts von vielen und auch von chinesischer Seite erwartet wurde, stellt sich im 21. Jahrhundert die Frage, wie es weiterhin Zuversicht auf eine friedliche geteilte Welt geben kann. Einen Paradigmenwechsel empfehlen viele, andere zumindest einen klaren und nüchternen Blick und die Einhegung von Konfliktpotentialen durch Identifizierung »roter Linien«.[3]

Bei aller Nüchternheit könnte es einem scheinen, es sei nun nur noch auf ein Wunder zu hoffen. Dass dies möglich ist, zeigt die ja ihrerseits wunderbare Erfolgsgeschichte Europas als »Kern« des Westens in den letzten Jahrhunderten, das nun aber eine neue Haltung gegenüber China wie dem globalen Süden insgesamt einnehmen muss – ein seit mehr als hundert Jahren überfälliges Gebot, wie bereits 1930 Otto Franke in seinem Vorwort zur *Geschichte des chinesischen Reiches* anmahnte. Denn immer noch verharrt Europa in einer Überheblichkeitshaltung, wenn es »diese ganze überalterte und erstarrte chinesische Kultur als eine abgetane Sache« und China als eines jener Reiche ansieht, welche sich »dem europäischen Geiste« zu unterwerfen haben.[4] Tatsächlich verharrt Europa in diesem »westlichen Wahrnehmungsmuster«, statt sich als Teil Eurasiens zu sehen und durch interessierte Neugier Aufklärung zu fördern und zu erkennen, dass gerade China und seine eigene Kultur große Potentiale für die Zukunft bergen.[5]

Wunder, Verzauberung und Lücken, die der Teufel lässt

Dabei hatte es Zweifel an Europa seit langem gegeben. Der israelische Historiker Moshe Zimmermann hatte aus Anlass der Entgegennahme des Lessing-Preises für Kritik im Mai 2006 zu der durch die Informationsflut wachsenden Unübersichtlichkeit festgestellt: »Im Wissen, dass das Volumen weltweiter Publikationen seither auf das Tausendfache stieg, kommt man zur unvermeidbaren Schlussfolgerung, dass man nie mehr als einen kleinen Bruchteil der Literatur lesen und verdauen kann und unsere Arbeit als Wissenschaftler sich entweder mit sehr begrenzten, spezifischen Themen befassen oder, weil etwas breiter angelegt, oberflächlich werden muss.« Damit bekräftigte er die für uns moderne Menschen seit Jahrhunderten klare Einsicht, dass wir niemals der Wahrheit habhaft werden können, wie es bereits Gotthold Ephraim Lessing formulierte, ja dass wir nach der Einsicht in die Vielschichtigkeit der Welt niemals alle Wahrheiten gleichzeitig bedienen können, was dann auch Max Weber erkannte. Deswegen ist eine Distanznahme die einzige Möglichkeit, wenn wir als Menschen noch einigermaßen den Überblick anstreben.

Die Einsicht in die selbst bei Addition aller Wahrheiten niemals erreichbare Vollständigkeit von Wahrheit führt hin zu einem irrationalen Rest wie dem pythagoreischen Komma oder, positiv gewendet und hoffende Erwartung signalisierend, in den Worten Alexander Kluges, jener »Lücke, die der Teufel lässt«.[6] Solche Einsicht in die Vielfalt und Unberechenbarkeit von Weltordnungen war den Literaten seit jeher präsent, wie es einmal die große dänische Dichterin Inger Christensen (1935–2009) im Hinblick auf die Zeit des Barock beschwor, als Leben und Labyrinth, Leben und Sünde zusammenfielen. In den ersten Tagen des 17. Jahrhunderts brennt in Rom der Scheiterhaufen für Giordano Bruno, der nicht an eine einzige verbindliche Weltordnung glaubt. Christensen sieht das als Befreiung: »Im Mittelalter waren alle Menschen daran beteiligt, ein und dieselbe vollkommene Perle abzusondern, und das Bewusstsein wurde fest unter die heilige kirchliche Kuppel und all ihre Kristallhimmel eingesperrt; wie in eine Nussschale. In der Renaissance verlegten immer mehr Menschen ihr Bewusstsein aus dem System hinaus, Sandkörner und Fremdkörper bewegten sich frei, und die Perle, die gebildet wurde, war der Menschenleib, der göttliche Mensch, der bereit war, Gott zu verschlingen und sich im Nichts einzurichten; als König über den unendlichen Raum. Das Barock war gezwungen, sich an beiden Stellen zugleich zu befinden, und befand sich deshalb mitten dazwischen; im Abgrund mit den bösen Träumen. Eingeklemmt zwischen diese beiden gigantischen Austernschalen, nahm das Weltbild die Form einer schiefen Perle an, und Menschen überlebten nur mit einer Art fiktiver heiler Würde, indem sie in der Schwindligkeit Wohnung nahmen und das Dasein als verzaubertes Chaos betrachteten.«[7]

Die Entzauberung, von der Max Weber angesichts der Rationalität der Moderne spricht, vermochte die Verzauberung dann auch nicht ganz zur Seite zu drängen, was zugleich Hoffnung nährt und dem alten Dreiklang *Liebe-Glaube-Hoffnung* einen neuen Horizont eröffnet, dem die »Lücke«, von der Alexander Kluge spricht, ebenso zugehört wie alle Verzauberung und jener Gedanke, den Daniel Kehlmann in seiner die deutsche Romantik aufrufenden Kleist-Rede im November 2006 in folgende Worte fasste: »Die vielleicht letzte Strömung, die die Bedeutung des Wortes Mensch für immer veränderte, ging von einer Gruppe junger Leute aus, denen es Unbehagen bereitete, daß sie zu viel Intellekt hatten, um der Natur nahe zu sein, daß der naive Glaube ihnen ferner war als jeder Ort der Erde und daß die wohligen Schauer, die ihnen die Erzählungen von offenen Gräbern und lebenden Toten über den Rücken jagten, einzig und allein daher rührten, daß sie nicht mehr damit rechneten, solchen Phänomenen zu begegnen. Das moderne Bewußtsein, das eben noch so weimarisch prunkvoll seine Souveränität gefeiert hatte, betrachtete sich selbst, und der Anblick machte es unglücklich.«[8]

Solche Verlusterfahrung gelten lassend nehme ich mir die Freiheit, ganz allgemein der Distanznahme als Haltung nachzugehen. Bevor ich den Schritt in die Ferne mache und meinen Blick auf China richte, zuvor noch eine europäische Selbstvergewisserung. Die Bewertung des Eigenen war und blieb auch innerhalb Europas ambivalent und korrespondiert der aufgerufenen Verlusterfahrung, die 1799 Novalis in seinem Aufsatz *Die Christenheit oder Europa* mit folgender Schilderung der verlorenen Einheit benennt: »Es waren schöne glänzende Zeiten, wo Europa ein christliches Land war, wo *Eine* Christenheit diesen menschlich gestalteten Welttheil bewohnte; *Ein* großes gemeinschaftliches Interesse verband die entlegensten Provinzen dieses weiten geistlichen Reichs. – Ohne große weltliche Besitzthümer lenkte und vereinigte *Ein* Oberhaupt, die großen politischen Kräfte.«[9]

Mit Blick auf diesen von Novalis empfundenen Verlust, für den unter dem Einfluss der Nationalstaatsidee viele kein Gespür mehr aufbringen mochten, weil sie Rückfalltendenzen befürchteten,[10] war man in Europa über lange Zeit bereit gewesen, das Bild vom Einheitsreich China in ein günstiges Licht zu tauchen. Und wir können gespannt darauf sein, in welcher Weise sich Europa als Europa, sollte es einmal stärker integriert sein, zukünftig und vielleicht ganz im Gegensatz zur Gegenwart erneut ein Bild von China machen wird. Es wird dann vielleicht hilfreich und nützlich sein, sich der Tradition des Humanismus und der europäischen Renaissance zu erinnern, um nicht unversehens selbst die Prinzipien, mitsamt der eingeschlossenen inneren Widersprüche, zu entsorgen, die seit dem späten Mittelalter die europäischen Gemeinwesen geprägt haben und auf die Europa möglicherweise im Interesse seiner Selbstachtung angewiesen bleibt und um die Europa gelegentlich sogar beneidet wird – auch von Chinesen. Ich nenne beispielhaft nur die besondere Norm- und Rechtsentwicklung, die seit dem Mittelalter auf der Grundlage einer zweifachen Entwicklung von Normen basiert, auf der Entwicklung der ethischen und der rechtlichen Norm.[11] Ein solches Festhalten wird sich behaupten müssen gegen egalisierende Normierungen und Vorherrschaft durchzusetzen suchende Geltungsansprüche wie neuerdings im Extraterritorialitätsanspruch,[12] die sich beide gern mit gesteigerter Anpassungsbereitschaft paaren und denen sich zu verweigern nicht selten bestraft wird beziehungsweise zur Selbstisolation führt. Wie einem Bürger, der in diesem Sinne nicht kreativ sein *will* und sich weigert, zum »Bewohner des Internet«, zum *Netizen* zu werden und so seinen sozialen Tod in Kauf nimmt, könnte es dann Europa ergehen.

In einem Büchlein aus dem Jahre 1762 mit dem Titel *Vergleichungen der Europäischen mit den Asiatischen und andern vermeintlich Barbarischen Regierungen* schreibt Johann Heinrich Gottlob von Justi in der Vorrede von dem Eigensinn Europas und der Eigenliebe der verschiedenen europäischen Nationen: »So allgemein dieser Nationalstolz allen Völkern ist; so treiben wir Europäer diese hohe Einbildung von uns selbst doch viel höher als andere Nationen des Erdbodens. Unser Vorzug scheinet uns gar nicht zweifelhaftig. Wir setzen uns kühn über alle andre Völker der übrigen Weltteile hinaus. Sie sind in unsern Augen nichts als ungeschickte, rohe und unwissende Barbaren, wenn wir ihnen noch die Ehre erzeigen, dass wir sie nicht gar unter die Wilden zählen.« Während man bisher von »edlen Mohren« statt von »schwarzen Teufeln« sprach und die Chinesen auch noch nicht als gelb galten, hatte die Anthropologie jener Zeit bereits die eigene Aufgeklärtheit durch die Herabsetzung und Verächtlichmachung fremder Völker zu untermauern gesucht. Dagegen wehrte sich Justi, und die Frage stellt sich, ob Europa in den seither vergangenen 250 Jahren zur Selbsteinsicht gelangt ist. Dass

Europa nicht die ganze Welt ist, hat sich ja längst herumgesprochen, doch hat es gelernt, die Geltungsansprüche anderer Kulturen anzuerkennen? Es bleibt unabweisbar, dass sich die Eigenart der modernen europäischen Kulturwelt und damit deren Geltungsanspruch in ihren Tiefenstrukturen nur erkennen lässt, wenn diese Eigenart als solche und in ihrer historischen Bedingtheit wirklich verstanden wird, wozu man sie vor dem Hintergrund des Anderen, benachbarter wie ferner gelegener Kulturen, zu begreifen lernen muss. Nur so lässt sich ein Verständnis der europäischen Kulturgeschichte und eine Einsicht in die vermeintliche oder tatsächliche Besonderheit Europas und seiner Grenzen gewinnen.

Einstweilen hat sich Europa mit der Durchsetzung der Moderne ein Selbstverständnis verordnet, das schon Friedrich Schiller formulierte, nämlich die höchste Entwicklungsstufe in der Geschichte der Menschheit zu repräsentieren. Die Einheit Europas hat Karl Heinz Bohrer einmal als eine Utopie skizziert und dabei den nach dem Zweiten Weltkrieg aufgekommenen Rekurs auf Novalis' Essay als Ausdruck eines »Bewusstseins der gemeinsamen Christlichkeit« gedeutet, nachdem zuvor »die Nazis ihren Krieg gegen die Sowjetunion propagandistisch [...] als Feldzug Europas gegen die asiatischen Barbaren« ausgegeben hatten.[13] Im Anschluss daran gerät das heute von der Europäischen Union ausgebreitete Chinabild mit der Feststellung Karl Heinz Bohrers in ein spezifisches Licht, der schreibt, »ohne den utopischen Antrieb bleiben offensichtlich praktisch-politische Innovationen stecken«,[14] und dann die von Arnold J. Toynbee 1950 gestellte Frage aufruft, ob wir die Beendigung der europäischen »Wirren« in einem befriedeten »Universalstaat« nicht mit einem »furchtbaren Preis« bezahlen würden.[15] Wenn sich der Westen gegenwärtig gegen eine Bedrohung durch Russland und nun auch durch China verteidigen zu müssen glaubt, könnte der »furchtbare Preis« in einem neuen globalen Bellizismus enden. Daher ist es ratsam, die tatsächlichen Verfasstheiten Europas ebenso wie Chinas zu vergegenwärtigen, wobei gerade im Hinblick auf die Säkularisierung unterschiedliche Stadien erreicht worden sind. Inzwischen haben die realen Verhältnisse, insbesondere die aufholende Modernisierung und Industrialisierung die Stellung Chinas in der Welt grundlegend verändert. Und auch wenn das gegenwärtige China programmatisch gerade nicht den Vorbildern des Westens, der Vereinigten Staaten oder Russlands folgen will, so deutet, wie dies etwa Felix Wemheuer – hoffentlich zu Unrecht – vermutet, »viel darauf hin, dass auch die chinesische industrielle Moderne wie die westliche mit Militarismus und Expansionismus verbunden sein wird«.[16] Denn auch dort lässt der

Zwang zum *Netizen* eine Welt entstehen, in der Abstand und Distanznahme sich mühsamer herstellen lassen.

Im Lichte europäischer Erfahrungen ist noch eine weitere Dimension hervorzuheben, dass sich nämlich die Spielräume allein schon dadurch anders darstellen, dass es in Europa einen inzwischen Jahrtausende währenden Konflikt zwischen Offenbarung beziehungsweise Glaube und Vernunft gibt, der immer wieder aufgegriffen wird, bei Lessing wie bei Nietzsche,[17] und der auch bei einem vertieften Verständnis der Differenzen zwischen der alttestamentlichen Verkündigung und christlicher Dogmatik zum Thema wird.[18] Der Streit zwischen solchen Positionen hatte in Europa zu einer Freiheitsvorstellung geführt, welche einerseits die Pflichten gegenüber der Gesellschaft in den Hintergrund rückt und andererseits an die Verantwortlichkeit des Einzelnen wie des Kollektivs appelliert, als wahr erkannte Positionen, nach außen, insbesondere gegenüber anderen Ländern und Gesellschaften, zu reklamieren. Am Rande vermerkt sei, dass in Europa damit die konfessionalistischen und oft bis hin zu (National)Staatsbildungen führenden Kämpfe zusammenhängen.

Im historischen Rückblick aber lassen sich bestimmte Implementierungsstrategien als Teil eines allgemein gültigen zivilisatorischen Prozesses begreifen, den man in Preußen ebenso wie im

China der Qin-Zeit, um nur zwei Beispiele herauszugreifen, als Teil eines »social engineering program« zu verstehen hat und der im China der Einheitsstaatsbildung mit aggressiver Expansionspolitik verbunden war.[19] Neben solchen Homogenisierungsbemühungen gab es dort zugleich die Fortdauer partikularistischer Tendenzen und einander widerstreitender Anstrengungen zu gruppenbezogener und oft regionaler Sinnvergewisserung.[20] Das Wechselspiel dieser Kräfte führte zu dem, was ich als »Chinas leere Mitte« bezeichne, die gerade wegen ihrer Leerheit attraktiv war und wegen der Offenhaltung von Ambivalenzen integrationistisch wirkte.[21]

Moderne ohne Rahmen und die Vorrede zum Gesetz

China hatte mit dem Aufbruch in die Moderne seine Traditionen von Ambivalenz eher noch kultiviert, die heute Hoffnungen bestärken könnten. Den nackten Befehl und die schmucklose Anweisung, die Maximilien Robespierre im August 1792 erstmals für die Verfassungen der Moderne durchsetzt, kannte China zwar bereits seit mehr als 2000 Jahren, seit die Legisten und der erste Kaiser von China eine Zeit lang die Geschicke Chinas bestimmt hatten. Doch die meiste Zeit war das in

China nicht so, weil die Familien und Clans und die räumlichen Distanzen zum Zentrum vorab ein Gelöbnis und Einverständnis erforderten, sich dem Gesetz zu unterwerfen, weswegen stets auch die Beachtung der Riten (*li* 禮) einbezogen bleiben muss. Diese waren meist wichtiger als das reine Gesetz (*fa* 法). In jedem Fall aber sollte das Gesetz nicht »unbekleidet und ungeschmückt als nackter Befehl«[22] erscheinen. Dafür sorgte traditionell die Schicht der Literaten, ohne deren Wirken auch ein zukünftiges China kaum zu denken ist.[23]

Auch wenn der moderne Westen seit der Französischen Revolution und die sich damit formierende selbstbewusste und stolze *volonté générale* es abgelehnt hatten, »sich in einem Vorwort zum Gesetz selbst zu belehren«, wie es Marie Theres Fögen formulierte,[24] blieb das Bedürfnis nach dem »Lied vom Gesetz« auch dort erhalten. Noch stärker galt dies in China, weil ohne ein solches »Lied« der durch eine Vielzahl an Sitten und Gebräuchen stark diversifizierten chinesischen Welt ein Harmonie sichernder Zusammenhalt gefehlt hätte. Dieses Bedürfnis, das man auch als »Vakuum« bezeichnen könnte, hatte ich in dem Essay *Chinas leere Mitte* als »Leerstelle« adressiert. Während man in Europa glaubt, dass die Freiheit, die der Staat seinen Bürgern gewährt, »von innen her, aus der moralischen Substanz des einzelnen und der Homogenität der Gesellschaft« (Ernst-

Wolfgang Böckenförde) reguliert werden müsse, bleibt indes in China wie überall die Frage offen, wie »die moralische Substanz des einzelnen und die Homogenität der Gesellschaft« trotz der Diversität und aller Ambivalenzen zustande kommen können.[25] Bildung und Erziehung bleiben dabei die Schlüsselbegriffe.[26]

Unter dieser Konstellation soll im Folgenden erneut die Frage gestellt werden, welche inneren Spielräume und welche tatsächliche Lebendigkeit China aufweist. Dabei ist es eine der großen Herausforderungen, dass China einerseits im Chor der Nationen beteiligt sein will, ohne als Vielvölkerstaat selbst eine solche Nation im europäischen Sinne des 19. Jahrhunderts sein zu können oder zu wollen. Manche verstehen China auch als eine Zivilisation, ein Thema, welches innerhalb wie außerhalb Chinas seit dem Ende des Kaiserreiches auf der Tagesordnung steht. Allerdings eröffnet der Satz Lucian Pyes, »China is not just another nation-state in the family of nations. China is a civilization pretending to be a state«,[27] eine Ambivalenzperspektive zwischen Individuum und Gemeinschaft beziehungsweise Masse, die hier etwas ausgeführt werden muss. Denn die Frage stellt sich, worauf der Einzelne sich dann bezieht, wenn er nicht einfach nur Teil der Masse ist.

Die Antwort hierauf ist einfach und zugleich sehr komplex: Der Einzelne hat in China nicht wirklich etwas, worauf er sich mit allen Chinesen gemeinsam bezieht, und deswegen kann er auch nicht wirklich Teil einer Masse werden, auch wenn das im Modernisierungsprozess von politischer Seite immer wieder angestrebt wird. Der Einzelne steht in einem grundsätzlich ironischen Verhältnis zu Staat und Gesellschaft und lässt sich so nicht vereinnahmen, bleibt unverfügbar. Damit der Einzelne in der Moderne dann nicht doch durch neue Lehren vereinnahmt oder nur durch Eigensinn geleitet wird, versucht der Staat, ihn mit seinen modernen Mitteln zu überwachen und zu unterwerfen. Dieser Einzelne aber tendiert dazu, eine Tradition der Unverfügbarkeit zu vergegenwärtigen, die sich bei jedem Blick in die Geschichte Chinas zeigt und die bis heute vehement eingefordert wird. Denn die Tradition der Selbstrücknahme seit Konfuzius und Zhuangzi, seit Su Dongpo (1037–1101) und Tan Sitong (1865–1898) ist lebendig und sie zeigt sich heute noch in Positionen wie der eines Dissidenten, der in einem Tweet schreibt: »Wenn Kinder nur zur Unterwerfung geboren werden, wenn unsere Kinder dasselbe erleiden müssen wie wir, sollten wir uns alle sterilisieren lassen.«[28]

III. Die Götter fernhalten – Spielräume und Weltoffenheit

Offene Horizonte und kontrollierte Gemeinschaftsbildungen

Spezifische Weltbildkonstruktionen und damit verbunden eigene Säkularisationsprozesse haben in China nur gelegentlich den Göttern eine Vormachtstellung verschafft, aber auch nicht zur Herausbildung der Vorstellung von einem Allmächtigen geführt, so dass sich alles staatliche Handeln am Erreichen eines allgemeinen Wohlstandes messen lassen musste. Dabei suchte man die Götter bewusst fernzuhalten. Die mit der Modernisierung verbundenen Umbrüche eröffnen aber Einfallstore für neue Heilsversprechen, gegenüber denen sich Staat und Partei ihrer eigenen Stärken zu vergewissern suchen. Nach innen wie nach außen sucht China das neue Verständnis, das die Welt von ihm hat, zu steuern, und steht in den Augen mancher vor der Wahl zwischen Selbstaufgabe und Selbstverteidigung.[1] Ist China dabei weiterhin und sind die Vertreter der USA als der anderen großen Macht zu einer Selbstdistanzierung und damit auch zu einer ironischen Haltung bereit, die alle frei bleiben lässt, die Wege aus der Gefahr zu finden, die sprichwörtliche Lücke zu erkennen, die der Teufel lässt? Auch wenn Zeiten gesteigerter Dringlichkeit den Abstand zu sich selbst schrumpfen lassen, muss doch weiter nach Spielräumen für lebendige Politik gesucht werden.

Zähmung der Götter oder zumindest den Versuch, eine Berufung auf sie bei vom Staat nicht kontrollierten Gemeinschaftsbildungen abzuwehren, hatte es seit jeher und überall gegeben. Schon Platon formulierte als Gesetz: »Niemand darf in seinem Privathaus ein Heiligtum besitzen; kommt es aber jemandem in den Sinn zu opfern, so soll er sich zu den öffentlichen Heiligtümern begeben, um zu opfern, und seine Opferspenden den Priestern und Priesterinnen übergeben, die für deren Reinheit verantwortlich sind; mit ihnen zusammen soll er sein Gebet verrichten und auch jeder andere, dessen Teilnahme am Gebet er wünscht.«[2] Die Säkularisierungs- und Rationalisierungstendenzen der Moderne haben unter dem Signum der Aufklärung solche Maßgaben zur Gemeinschaftsbildung verworfen und den Gottesdienst zur »Privatsache« erklärt, was freilich nicht durchzusetzen war, wie wir allenthalben sehen. Zugleich ließ es den Einzelnen in einem Orientierungsdilemma zurück, welches Max Weber unter den Bedingungen des Ersten Weltkrieges im Jahre 1916 mit den Worten umschrieb:[3] »[...] wer in der ›Welt‹ (im christlichen Sinne) steht, kann an sich nichts anderes erfahren, als den Kampf zwischen einer Mehrheit von Wertreihen, von denen eine jede, für sich betrachtet, verpflichtend erscheint. Er hat zu wählen, welchem dieser Götter, oder wann er dem einen und wann dem anderen dienen will und soll. Immer aber wird er sich dann im Kampf gegen einen oder einige der anderen Götter dieser Welt und vor allem immer fern von dem Gott des Christentums finden –, von dem wenigstens, der in der Bergpredigt verkündet wurde.«[4]

Wie unterschiedlich Ideale konstituiert und die praktische Lebensführung ausgerichtet sein können, dafür steht in China die Vielfalt der Religionen und Kulturen.[5] Auch dort wird sich keine Form der Vergemeinschaftung frei von Idealen halten können, weil gerade Gruppenbildung durch Unterscheidung konstituiert wird; Weltbildkonstruktionen sowie Narrative von Wertegemeinschaften werden gerade durch Unterschiede möglich. Stets ist bei allen Debatten um Werte die Einsicht in die Notwendigkeit eines aufgeklärten Abstandnehmens hilfreich.[6] Dieses Abstandnehmen aber ist selbst niemals voraussetzungslos und wird auch nicht durch die Haltung Albert Schweitzers ganz aufgefangen. Albert Schweitzer verkündete sein Abstandnehmen mit dem Satz: »Die einheitliche logische Frömmigkeit der Brahmanen und Buddhas und der religiösen Denker Chinas lassen wir als eine Naivität hinter uns. Sie entspricht nicht der Wirklichkeit außer uns und in uns […]«[7]

Da auch das Abstandnehmen immer voraussetzungsvoll bleibt, die von Schweitzer bekundete Selbstgewissheit aber den Dialog gerade ablehnt, hängt alles von der Bereitschaft ab, anzuerkennen, dass es nicht die *eine* Wahrheit gibt und wissenschaftliche Erkenntnisse immer wieder durch bessere Einsichten veralten. Vor diesem Hintergrund muss die Überlegenheitsgewissheit Albert Schweitzers verstanden werden, die ja nur besagt, dass »das Christentum in der Auseinandersetzung mit dem Denken und mit anderen Religionen kein Privileg für sich in Anspruch nehmen«, »sondern mitten in dem Kampf der Ideen stehen und einzig auf die Macht der in ihm enthaltenen Wahrheit vertrauen«[8] solle. Denn immer dann, wenn eine Seite glaubt, die Wahrheit zu vertreten oder zu kennen, wird es gefährlich, weil dann leicht das Wort des Apostel Paulus missverstanden wird, der mit Gott nicht die Wahrheit meinte, sondern gerade von der Unverfügbarkeit der Liebe Gottes sprach. Ihm ging es allein um die Gewissheit, dass uns nichts scheiden kann von der Liebe Gottes (Römer 8,38–39), die den aufrechten

Gang bestärken mag, aber mit Wahrheits- und Geltungsanspruch nichts zu tun hat.[9] Es handelt sich um eine Vertrauensbeziehung, in der sich auch die aufgerufene Position Albert Schweitzers verstehen lässt. Solcher vertrauensvoller Zuversicht ist dann die Einsicht an die Seite zu stellen, dass es im »Kampf der Ideen« möglicherweise keine Siege, sondern allenfalls Niederlagen geben kann, und generell nur offene Ausgänge. Ideale können unterschiedlich sein, und dies zeigt sich in einzelnen Kulturen selbst bei der unterschiedlichen Gewichtung der Menschenrechte, wie sie in 30 Artikeln am 10. Dezember 1948 kodifiziert wurden. Um die Gerechtigkeitsfrage als einen Aspekt herauszugreifen: bei kultureller Vielfalt gilt eben auch: »Kultur prägt, was als gerecht gilt«.[10] So sind Fragen danach, welche Voraussetzungen für eine moderne Demokratie gegeben sein müssen, bisher ebenso wenig eindeutig beantwortet wie eine Lösung der Aufgaben abschließend erreicht sein kann, die sich im Lichte neuer Herausforderungen stellen.

Bezogen auf geschichtliche Erfahrung und historische Rekonstruktion hat im Anschluss an Max Weber und nach Jahrzehnten intensiver Frühneuzeitforschung Wolfgang Reinhard der Aufmerksamkeit für das Gehör im transkulturellen Zusammenhang jüngst einen weiteren, die diachrone Perspektive berücksichtigenden Gedanken hinzugefügt, indem er von »Resonanzsensibilität von Kulturen« spricht.[11] Er stellt damit Sozial*wissenschaft* ebenso wie Sozial*politik* in einen systemischen und zugleich diachronen Kontext und verweist darauf, dass die frühneuzeitlichen Rahmenbedingungen »mehr vergleichbare intrakulturelle Identität übrig gelassen« hatten als »die stark vereinheitlichte moderne Weltkultur«.[12] In dieser scheint das Verständnis dafür zu schwinden, dass zwischen verschiedenen Kulturen »Dissonanz der Normalzustand«[13] ist. Dieser Einsicht Wolfgang Reinhards korrespondiert die Einsicht Fabian Heubels, der in der Exposition seiner Bemühungen um eine Antwort auf die Frage »Was ist chinesische Philosophie?« konstatiert: »Der Rede von einer »friedlichen Koexistenz unterschiedlicher Systeme« ziehe ich die Idee der *paradoxen Koexistenz unvereinbarer Positionen* vor, um der Gefahr vorzubeugen, dass »politisches Konfliktpotenzial« hinter dem Schleier falscher Harmonie verschwindet.«[14]

Von den Schwierigkeiten hatte bereits Immanuel Kant in seiner 1795 verfassten Schrift *Zum ewigen Frieden* gesprochen. Seine Rede von den »gelben Chinesen«, gesteigert ein Jahrhundert später bei Friedrich Engels zur Verachtung für China (»eine verwesende Halbkultur am Ende der Welt«) belegen dies.[15] Einer durch solche Rhetorik signalisierten Beherrschungsabsicht lassen sich Gesprächsbereitschaft und Vertrauensbildung entgegensetzen. Dabei kann man an die von Wolfgang Reinhard beschriebene »von gegenseitigem Respekt getragene, wechselseitige Resonanz auf Augenhöhe«[16] anknüpfen und diese mit dem von Jürgen Habermas formulierten Postulat, »von den eigenen Hintergrundüberzeugungen hypothetisch Abstand zu nehmen«, verbinden.[17]

Seit China in der Verflechtung internationalen Planens und Handelns eine zunehmend gewichtigere Rolle anstrebt beziehungsweise bereits erreicht hat, ist das Sprechen über China erstaunlicherweise nicht leichter geworden. Vielleicht rührt das daher, dass die Bezugsrahmen sich nicht verändert haben. Wie bei einem im Vollzuge befindlichen regelgebundenen Wettkampf der Berichterstatter über den Stand und den Ablauf zu berichten hat, so wird von den Chinawissenschaften – und von der neuerdings geforderten Chinakompetenz – erwartet,[18] eine solche Berichterstatterrolle einzunehmen. Die Spielregeln selbst hat dieser Experte nicht in Frage zu stellen, und auch der Schiedsrichter soll objektiv sein im Sinne einer »regelbasierten Ordnung« und darf sich nicht zum Komplizen einer Seite machen. Eine ganz andere Haltung hingegen haben die Vertreter der Sinologie, die von den Hintergrundüberzeugungen des Schiedsrichters und des Berichterstatters Abstand nehmen, um auch die Frage nach den

Regeln selbst zu bedenken; jene Frage, welche diejenigen am Rande berücksichtigt, die vom Ausgang des Spiels betroffen, aber weder im Vorfeld noch an der Durchführung beteiligt sind.

Es gab und es gibt also Spielräume – und von solchen Spielräumen soll hier besonders die Rede sein. Diese Spielräume adressiert Fabian Heubel, wenn er zur Sinologie und zur Beschäftigung mit China konstatiert: »Die Sprache der Sinologie neigt dazu, ein Monolog Europas über China zu sein, in dem die chinesische Seite zur Sprachlosigkeit und Stille verdammt bleibt.«[19] Heubel fragt weiter: »Wie lange wird es dauern, bis ›wir‹ verstanden haben, dass China weniger stumm ist, als vielmehr durch den Monolog der europäischen Vernunft über das ›verrückte‹ China zur ›Stille‹ verdammt? Wie wäre es, für einen Moment mit dem Reden innezuhalten und zu versuchen, zur Abwechslung einmal zuzuhören?«[20] Es geht also um die Wiedergewinnung von Spielräumen, beim Hören, beim Sprechen und Aufhören, prinzipiell bei jedem Spielen. Denn so wie es Spielräume beim Zuhören gibt, gibt es diese überall. Man braucht nur die Arbeit erfahrener Musiker mit jungen Ensembles zu beobachten. Als Beispiel verweise ich auf Dokumentationen von Sergiu Celibidaches Arbeit als Dirigent und Lehrer.[21] In Bezug auf China ist mehrfach festgestellt worden, dass es Spielräume zur Kreativität in China immer gegeben hat. Davon wird im Folgenden noch die Rede sein. Zunächst soll es darum gehen, der von Max Weber getroffenen Unterscheidung etwas weiter nachzugehen und die Frage zu untersuchen, auf welchem Ohr »der Chinese« möglicherweise taub ist. Dieser Frage übrigens ist man in China selbst schon sehr früh nachgegangen und hat in der Gestalt des *Hundun* 混沌 – als »der Unbewusste« übersetzt, dem »Tohuwabohu« der Genesis ähnlich – jene Figur vorgestellt, die mit dem Ganzen, mit dem All im Einklang ist und deren Sozialisierung mit dem Öffnen der Sinne zugleich ihr Ende bedeutet.[22]

Die Rede vom »Gehör« der Chinesen erinnert überdies unmittelbar an Max Webers Rede davon, dass er selbst »religiös unmusikalisch« sei, eine Begrifflichkeit, die erstmals in einem Bericht über *»Kirchen« und »Sekten« in Nordamerika* auftaucht, wo er, vermutlich in Anlehnung an eine Formulierung Friedrich Schleiermachers, eine Verlusterfahrung aufrufend, schreibt: »Wir modernen, religiös ›unmusikalischen‹ Menschen könnten uns schwerlich die Sorge für das ›Jenseits‹ früherer Generationen vorstellen.«[23] Diese Bemerkung erklärt auch, warum Weber den Chinesen, noch ganz dem Chinabild der Aufklärung folgend, für »nüchterner« und sehr viel mehr als auf das »Diesseits« bezogen hält als den Europäer. Dieser Diesseitsbezug, von Gottfried Wilhelm

Leibniz und Christian Wolff noch gepriesen, wurde dann von Vertretern der christlichen Chinamission den Chinesen geradezu vorgeworfen und zum Ausgangspunkt eines als Verpflichtung gesehenen Missionsauftrags erklärt.[24] Für Max Weber hingegen scheint er die Grundlage für die Vermutung abgegeben zu haben, dass »der Chinese [...] ebenso fähig, vermutlich noch fähiger« sei als der Japaner, »sich den technisch und ökonomisch im neuzeitlichen Kulturgebiet zur Vollentwicklung gelangten Kapitalismus anzueignen«[25] – eine Vermutung, die sich inzwischen offenkundig bestätigt hat! –, womit aber die Charakterisierung der Chinesen als »nüchtern« keineswegs bewiesen ist. Der Nüchternheit stand die Trunkenheit als Möglichkeit stets zur Seite.[26] Und ganz allgemein gilt für China, dass es stets mehrere miteinander konkurrierende Wertreihen gab, so dass sich zwischen konkurrierenden Werten nicht selten ein weiterer, wenn man so will und einen Gedanken Platons aufgreift, zweitbester Weg fand. Solche Selbstrelativierung, seit Lessing und Christoph Martin Wieland Bestand europäischen Selbstbewusstseins, konnte sich dort auf Platons Gedanken von der »zweitbesten Fahrt« berufen.[27]

Der Einzelne, die Masse und die Rolle von Überzeugungsarbeit

Mit dem »zweitbesten Weg« kommt der Typus des Edlen ins Spiel, der im Zentrum jeder Betrachtung zur Ironie in China steht. Denn ironisch kann nur der Einzelne sein, nicht die Masse. Das ist in Europa vielfach erörtert worden, und ich verweise gerne auf die Publikation des den Massen gegenüber skeptischen Gustave le Bon (1841–1931), *Psychologie der Massen* im deutschen Sprachraum. In der Einführung der sechsten Auflage (Stuttgart 1939) wendet sich Walther Moede (1888–1958) gegen den Skeptizismus Le Bons und schließt im Hinblick auf das Deutschland von 1938 und seine organische Einheit: »Die Anschauungen Le Bons haben für sie keine Gültigkeit mehr«, da das »heutige Deutschland« als »eine organische Einheit« »frei und selbstverständlich« nach dem Willen seines Führers handelt.[28]

In China herrscht nicht die einmütige Masse vor, es gibt vielmehr nur eine von Ambivalenz geprägte Machzuteilung auf Zeit. Eine Ausnahmeperiode gab es kurzfristig und auch nur dem Anspruch nach während der Kulturevolution unter Mao Zedong in den 1960er Jahren, als die »Massenlinie« propagiert, aber von den »Massen« nur bedingt befolgt wurde.[29] Die Gefahr eines Rückfalls der Politik zum Prinzip der Massenlinie war und bleibt niemals ganz ausgeschlossen, auch weil heute das Nationskonzept neue Triumphe feiert, obwohl doch eigentlich seit langem deutlich ist, dass solches Nationsdenken der Menschheit nicht zuträglich und für China als Vielvölkerstaat nicht angemessen ist und zudem der Nationsdiskurs die Distanznahme zu den Möglichkeitsräumen erschwert.

Während Abstandnahme in der chinesischen Tradition sich also allerorten findet und man darin eine Ressource für eine gedeihliche Zukunft erblicken kann, ist eine zunehmende Selbstgewissheit auf der Seite des »Westens« ein Alarmzeichen. So spricht der Leiter der wie die Süddeutsche Zeitung schreibt »wichtigsten China-Denkfabrik hierzulande«, Mikko Huotari, in einem Interview am 29. März 2022, China hätte den Begriff der Demokratie »gekapert«, so als hätte irgendjemand das Monopol auf die Deutung des Demokratiebegriffs. Wörtlich: »All die Ordnungsvorstellungen und die Begriffe, die für uns im Westen wichtig sind, Demokratie zum Beispiel, werden umgedeutet und gekapert.« Daher, so Huotari, sei China eine »strategische Herausforderung« und ein »sicherheitspolitisches Problem«. So etwas kann nur einer formulieren, dem die geistige Erbschaft unbekannt ist und der keinen Sinn für ideengeschichtliche Zusammenhänge hat.[30] Tatsächlich setzt sich einer der wichtigsten Berater der Regierung Chinas, der in den Positionen europäischer politischer Diskurse bewanderte Wang Huning, entschieden gegen das westliche Gesellschaftmodell ein und spricht in seinen Texten häufig vom Ziel einer »Demokratisierung« der chinesischen Gesellschaft. Was ist damit gemeint? In weiteren Ausführungen bezieht sich Wang Huning auf das Werk Fei Xiaotongs, des »Vaters« der Soziologie und Anthropologie in China und dessen Gegenüberstellung der chinesischen und der westlichen Gesellschaft. Dem Konzept des Westens stellt Fei Xiaotong die historische »Demokratie« in der politischen Organisation Chinas gegenüber: das Leben auf dem chinesischen Dorf. Die Tradition der Selbstregulierung wird als Quelle der chinesischen Demokratie gewertet. Damit ist die chinesische politische Struktur ein »zweigleisiges«, ein die Zentralregierung und die lokalen Regierungen miteinander verschränkendes und zugleich den Abstand zwischen ihnen wahrendes System. Ein solcher Demokratiebegriff thematisiert die Mitgestaltungsmöglichkeit an politischen Prozessen und steht keineswegs in absolutem Gegensatz zu Demokratievorstellungen in Westeuropa oder den Vereinigten Staaten. Denn im Demokratiediskurs wie in den Wissenschaften, im Sport, in der Wirtschaft, in der Politik, ist es eben doch wichtig, einen multiperspektivischen Ansatz zu pflegen und die Hintergrundüberzeugungen der

Gesprächspartner zu kennen, ihre religiösen Bindungen, ihre Glaubensüberzeugungen, und dabei Lernprozesse, auch Angleichungen und Homogenisierungen nicht auszuschließen.[31] Von zentraler Bedeutung sind hierbei begriffs- und ideengeschichtliche Kenntnisse. Die Vorstellungen von »öffentlich« (*gong* 共) und »privat« (*si* 私),[32] von Parteilichkeit und Rückzug, auch Begriffe wie das moderne »privat« (*yinsi* 隱私) und ihre historischen Konnotationen sind zu bedenken.[33] Dies gilt auch für *youjing* 幽靜, »abgeschieden, friedlich«, und *youmo* 幽默, ein Neologismus für »Humor«, der auf Lin Yutang zurückgeht. Diese Themen wurden in den letzten tausend Jahren immer wieder diskutiert, bis in die Gegenwart und an vielen Orten in unterschiedlicher Weise, so an den Rändern des Landes wie in Hongkong, einer aus einigen Fischerdörfern an Chinas Südostküste seit dem 19. Jahrhundert gewachsenen Megastadt, in einer dort erschienenen Publikation mit dem Titel *Öffentlich versus Privat. Menschenrechte und die Entwicklung einer Bürgergesellschaft*.[34]

Hier nehme ich den Gedanken des »Lieds vom Gesetz« nochmals auf und verweise auf die in der platonischen Tradition gehegte Überzeugung vom Sinn von Überzeugungsarbeit.[35] Danach lehrten freie Ärzte ihre Patienten zunächst die Einsicht in ihre Krankheit und überzeugten sie, die für sie heilsame Verordnung zu akzeptieren. Marie Theres Fögen spricht von einer »doppelten Methode der Überzeugung und der Verordnung«, die auch für die Gesetzgebung gelten sollte.[36] Dies hatte Platon dazu geführt, für das Gesetz einen Prolog vorzusehen. Solches Trennen und Unterscheiden, »Erzfeinde des Totalitären«[37], kennzeichnen den Typus des Edlen, für den hier als Beispiel Su Dongpo 苏东坡 (Su Shi 苏轼) stehen soll, der etwa im Jahr 1090 schrieb: »Ich habe gehört, dass bei der Regierung des Reiches der Heilige sich auf Nachsicht und Strenge stützt und dass zwischen Herrscher und Ministern Zustimmung und Ablehnung einander stützen. Wenn Minister, ohne die Richtigkeit einer Politik zu prüfen, allem was der Herrscher entscheidet, zustimmen, oder wenn sie alles ablehnen, was auch er ablehnt, ohne dessen Richtigkeit geprüft zu haben, ist das gleichbedeutend mit dem was [der Schüler des Konfuzius] Yanzi mit dem Satz benannte: ›den Geschmack von Wasser durch Hinzufügen weiteren Wassers verbessern – wer will davon trinken?‹,[38] und was Konfuzius mit dem Satz meinte: ›Wenn andere alle mit dem übereinstimmen, was ich sage und niemals anderer Meinung sind, dann wird dies das Land ruinieren.‹« [39] Ähnlich hatte es übrigens Mo Ti formuliert.[40] Su Dongpo ging es um das Wechselspiel zwischen Herrscher und Minister und dabei zugleich um eine Distanz zur

Welt, für die jedoch der Weg (*dao* 道) das Leitprinzip darstellt. Entsprechend unterscheidet er zwischen Subjektivität und Objektivität. Das Verhältnis von Subjektivität und Objektivität bleibt jedoch unaufgelöst. Denn die Subjektivität (*renxin* 人心, »mind of man«) steht der Objektivität, die als *daoxin* 道心 (»mind of the way«) und zugleich als *benxin* 本心 (»original mind«) verstanden wird, gegenüber. Eine absolute Geltung von Subjektivität ist daher ausgeschlossen, was auch immer wieder angemerkt wurde.[41]

Es bleibt, dies soll hier im Vordergrund stehen, bei der Distanz zwischen unterschiedlichen Positionen, zwischen denen dann Subjektivität durchaus ihren Platz haben kann. In einem Satz in der *Rhapsodie über die Rote Felswand* des Su Dongpo lesen wir: »Ich, der Sänger, fragte, ›Weißt Du über das Verhältnis von Wasser und Mond?‹ Das Wasser fließt in einem fort und doch fließt es nicht weg. Der Mond nimmt ab und verschwindet und bleibt am Ende doch der gleiche Mond. Wenn wir auf etwas in seiner Veränderlichkeit schauen, dann gibt es in der Welt [wörtlich: »Himmel-Erde«, *tiandi* 天地] keinen Moment [*shun* 瞬] der Ruhe. Wenn wir die Dinge in ihrer Unveränderlichkeit betrachten, dann haben die Dinge und ich selbst kein Ende [*wujin* 無盡]. Wie sollte man darauf neidisch [*xian* 羨, eigentlich »bewundern, begehren, sich sehnen nach«] sein?«[42]

Die Subjektivität steht also zwischen Veränderlichkeit und Unveränderlichkeit. Im Politischen bedeutet dies, nicht auf Zustimmung oder Ablehnung festgelegt zu sein. Zwar gab es immer wieder Positionen, in denen man der »Forderung des Tages« glaubte folgen zu sollen, zugleich gab es aber auch den Gedanken, die historische Erinnerung zu achten und die religiösen Überzeugungen der Menschen. Liu An, der König von Huainan, hatte es einmal folgendermaßen formuliert: »Die richtige Regierung eines Staates hat darin ihre feste Ordnung, dass sie den Nutzen des Volkes zum Prinzip macht. […] Wer dem Volk Nutzen bringt, braucht sich nicht nach dem Altertum zu richten. Wer mit den Verhältnissen konform geht, braucht nicht der Vergangenheit zu folgen.«[43] Dagegen hatten selbst die schärfsten Apologeten des als Herrschaft durch Gesetze bekannten rigorosen Legismus die Bedeutung von Einwänden hervorgehoben: »Wenn einer unzugänglich für Remonstrationen ist und sich gerne durchsetzt, wer keine Rücksicht auf die Erd- und Hirsealtäre nimmt und leichtfertig handelt und nur sich selbst Glauben schenkt, dann ist es wahrscheinlich, dass er untergeht.«[44] Und welche Rolle die Debatte um Subjektivität nach wie vor spielt, zeigt sich in künstlerischen Positionen wie derjenigen Xu Bings 徐冰, dessen Installation »Schwerkraftarena« (引力劇場) in den Jahren 2022 bis 2024 im Kunstmuseum Pudong zu sehen war und in dem er Ludwig Wittgensteins Gedanken zum Zusammenhang von »Sehen« und »Deuten« aufgreift.[45] Solche Blick- und Deutungsverschiebungen hat es immer wieder gegeben, wie etwa im Prosagedicht Yang Jiongs 楊炯 (650–694?), eines der »Vier Heroen der Frühen Tang« (*Chu Tang sijie* 初唐四傑),[46] mit dem Titel *Fu über einen Bücherkasten für das Lesen beim Liegen* (*Wo du shujia fu* 臥讀書架賦). In den ersten Zeilen des Prosagedichts erklärt der Autor,[47] in der konfuzianischen Tradition sei der Schlüssel zur Überlieferung der Klassiker, »zu dem Entferntesten vorzudringen« 儒有. 傳經在乎 致遠. Dabei spielt die Kontemplation eine zentrale Rolle, wie bereits im *Buch der Wandlungen* (*Yijing*zi 易經) dargelegt: »Erforsche das Rätselhafte und suche nach dem Verborgenen. Fische nach dem im Tiefen Liegenden und gehe nach dem Entfernten.«[48] Der anspielungsreiche Text zielt darauf, im Schlafe träumend mit dem Herzog von Zhou zu kommunizieren und mit dem Geiste des Konfuzius sich zu vereinigen.[49]

IV. Tradition und Satire

Die »Drei Prinzipien des Volkes« und »DIN-A4-Proteste«

Im Zuge der Modernisierung und insbesondere angesichts der Künstlichen Intelligenz und damit verknüpfter Überwachungs- und Kontrollsysteme müssen die Beziehung von Nah und Fern im 21. Jahrhundert neu austariert und die Sphäre des Politischen neu vermessen werden. Die Aushandlungsspielräume zwischen Regierung und Bevölkerung scheinen enger zu werden, weil die seit dem 20. Jahrhundert das Regelsetzungsmonopol für sich beanspruchende Partei bei der Suche nach der Erfüllung eines Traums nur Ernsthaftigkeit zulässt. Da diesen Traum sogar die Literaten oft teilen, wie jene der Zeit der »Bewegung des Vierten Mai« vor hundert Jahren, kann sich die Partei immer noch breiter Zustimmung sicher sein.[1] Der chinesische Traum wird oft auch von den Kritikern geträumt. Allerdings bleibt das Subjektive dabei noch in dem Postulat einer »Antimodernen Moderne« gefangen, von der Wang Hui spricht,[2] welche ein neues China jenseits der

Vorstellungen von westlicher Moderne zu verwirklichen sucht.

Die aus solchem Zwang zum »Chinesisch-Bleiben« drohende Unbeweglichkeit suchen einzelne immer wieder in Bewegung zu bringen. Das lässt sich als ein Prozess beschreiben, etikettiert als »Sozialismus chinesischer Prägung«, wonach sich »eine in sich lern- und wandlungsfähige Konstellation von Sino-Marxismus, modernem Konfuzianismus und Liberalismus herausgebildet« habe, »in der diese unterschiedlichen Denksysteme zwar keineswegs konfliktfrei koexistieren, aber doch auch ohne sich bis aufs Messer zu bekämpfen«.[3] Bei diesem »innerchinesischen Entwicklungsmodell, das aus der Dynamik einer hybriden Modernisierung hervorgegangen ist, in der unterschiedliche und einander ausschließende Modernisierungswege seit dem 19. Jahrhundert nicht nur miteinander konkurriert haben, sondern immer wieder darauf aus waren, einander zu vernichten«, handele es sich, so Fabian Heubel, um »keine feste Ordnung, sondern die kontinuierliche Bemühung um das Erreichen eines vorläufigen und beweglichen Gleichgewichts«.[4] Wie also ist in einer solchen Konstellation Ironie möglich oder gar förderlich, wo findet sie den für sie unverzichtbaren Raum?[5] Ein Hindernis entsteht dadurch, dass das Projekt der Erneuerung Chinas, wie es seit dem Ende der

Kaiserzeit verfolgt wird, bisher noch nicht als abgeschlossen gilt. Wenn in den letzten Jahren an den Rändern Chinas, so etwa in Hongkong, die erhobenen drei mittleren Finger für Freiheit, Demokratie und Menschenrechte stehen, erinnert dies auch an die *Drei Prinzipien des Volkes* (*Sanmin zhuyi*) Sun Yatsens aus dem Jahre 1912, des Gründers der Republik China und »Vaters der Nation«. Auch die im Jahre 2022 aufkommende Protestbewegung – ausgelöst durch ein Feuer in einem Hochhaus in Ürümqi, bei dem zehn Menschen in dem wegen der Null-Covid-Politik versperrten Gebäude ums Leben kamen –, bei der weiße DIN-A4-Blätter als Symbol des Widerstandes gegen die Politik auf den Straßen herumgetragen wurden, erinnerte zugleich an die Anfänge der Republik vor einhundert Jahren, als Reformer für China das Bild vom unbeschriebenen weißen Blatt verwendeten. Daran knüpften die Protestierer an und erklärten, das weiße Papier stehe für alles, was sie sagen wollen, aber nicht können. Die erhobenen drei mittleren Finger ebenso wie das weiße Blatt Papier meinen die Gegenwart und verweisen zugleich auf eine Tradition.

Die drei Prinzipien des Volkes, aus den Erfahrungen des Widerstandes gegen die Fremdherrschaft der Mandschu und unter Berufung auf neukonfuzianische Traditionen zur Rettung des Han-Volkes entwickelt, lauten: Volksgemeinschaft (*minzu zhuyi*), Volksrechte (*minquan zhuyi*) sowie Volkswohlstand (*minsheng zhuyi*), auch als die Trias Nationalismus, Demokratie und Sozialstaat verstanden. Vor der Einführung der Partizipation aller am politischen Entscheidungsprozess sollte erst einmal die Volksgemeinschaft entstehen, ein Nationalstaat unter Einschluss der großen und vielen kleinen Volksstämme Chinas, die Tibeter und die Völker Ostturkestans (heute Xinjiang) eingeschlossen. Die Volksrechte sollten die Rechte des Einzelnen und damit Menschenrechte, vor allem aber die Rechte des Anderen beinhalten und dabei das Gemeinwohl als Richtschnur nehmen.

Diese drei Prinzipien waren also längst in der Welt, als im Jahre 1921 der Gründungskongress der Kommunistischen Partei Chinas unter den Augen Moskaus in Shanghai stattfand. Die jungen Aktivisten hatten neben einem Teil des Kommunistischen Manifestes, 1848 vorgelegt von Karl Marx und Friedrich Engels, weitere Texte von Goethe und Tolstoi und von europäischen Anarchisten gelesen. Als die Handvoll Gründungsaktivisten der KP Chinas dann aus Sicherheitsgründen Ende Juli 1921 die Beratungen ohne die Komintern-Agenten Moskaus von einem Hotel in Jiaxing aus in einem Boot fortsetzten, fühlten sie sich vielfältigen Reformkonzepten und nicht nur den von Marx und Engels formulierten Forderungen verpflichtet. Vor allem aber begründete dieser Bootsausflug eine bis heute lebendige Tradition von Klausursitzungen zur Aushandlung kontroverser Themen. Die geistige Vielfalt erleichterte es den wenigen KP-Vertretern, sich auf die von Moskau angeregte Zusammenarbeit mit Sun Yatsen und seiner Nationalpartei Guomindang und damit auch auf die drei Prinzipien des Volkes einzulassen. Nach dem Tod Sun Yatsens 1925 kam es als Folge des Weißen Terrors und mit dem blutigen Massaker im April 1927 als Höhepunkt zu einem Ende der Zusammenarbeit. In der Sache aber drehte sich weiter alle erfolgreiche Politik in China um die drei Prinzipien des Volkes, und das gilt bis heute. Dafür steht auch Sun Yatsens Frau, Song Qingling (1893–1981), die später Präsidentin der Volksrepublik wurde.

Schon bei der Republikgründung hatte man weniger nach Europa, sondern mehr noch nach Amerika geblickt. Auch wenn für die KP Chinas Lenin und dann Stalin zu Gallionsfiguren wurden, war doch auch für sie wie für Sun Yatsen und die meisten Reformer Abraham Lincoln und seine Wiederherstellung der Einheit der Vereinigten Staaten gegen die konföderierten Südstaaten im Sezessionskrieg 1861 bis 1865 das große Vorbild geblieben. Volksgemeinschaft war das erste und grundlegende der drei Prinzipien. Dafür vereinheitlichte man die Sprache und normierte die Schrift. So hatte auch der Sun Yatsen beerbende Generalissimus Chiang Kaishek im Nordfeldzug 1926 bis 1928 militärisch die Einigung angestrebt, wenn auch nicht ganz verwirklichen können. Nach dem Ende des Zweiten Weltkrieges und seinem politischen und militärischen Scheitern auf dem Festland ließ Chiang Kaishek dann die Bevölkerung Taiwans die nordchinesische Standardsprache lernen, eine für die aus den südlichen Küstenregionen Chinas in den letzten Jahrhunderten eingewanderte Bevölkerung fremde Sprache.

So sehr auf manche dieser Standardisierungen die Beobachtungen Benedict Andersons von den *imagined communities* zutrifft, so gibt es doch in den Kernlanden Chinas ein weit über tausend Jahre zurückreichendes, kulturelle und politische Einheit begründendes chinesisches Selbstverständnis. Manche wie Yuri Pines verorten dessen Ursprung bereits in der formativen Periode der Streitenden Reiche. Darauf bezogen sich alle, die ein chinesisches und nicht gänzlich verwestlichtes China anstrebten. Trotz der überwiegenden Mehrheit der Han-Chinesen in dem ausgedehnten Vielvölkerreich auf dem Festland hatte die KPCh bei ihrer Politik für den Umgang mit Minderheiten ursprünglich ein respektvolles und behutsames Vorgehen geplant, dann aber doch, vor allem in Tibet, zu brutalen Zwangsmitteln gegriffen.

Die von Sun Yatsen mit dem Ziel der Errettung der Han-Chinesen formulierte Trias Volksgemeinschaft, Volksrechte und Volkswohlstand ist bis heute wichtig geblieben. Partizipatorische Rechte wurden durch Wahlprozeduren auf unterer Ebene wenigstens teilweise eingelöst, und Unzufriedenheit und Unruhe unter der Bevölkerung galt als Indikator für Missmanagement und Versagen der zuständigen Parteikader. Diese konnte man zur Rechenschaft ziehen. Als vorbeugende Maßnahmen wurde zuletzt der Kampf gegen die Korruption intensiviert, und die allgemeine Belehrungs- und Disziplinierungspolitik wurde forciert. Immerhin scheinen sich auf dem Gebiet des dritten Feldes, der Volkswohlfahrt, Erfolge eingestellt zu haben: Anfang des Jahres 2021 hatte Xi Jinping das Ende der Armut in China verkündet, auch wenn nach den Kriterien der Weltbank, wonach fünf Euro pro Tag als Armutsgrenze gelten, China dieses Ziel noch längst nicht erreicht hat und es noch weit davon entfernt ist, seinem Volk in allen seinen Landesteilen eine wirtschaftliche Entfaltung zu ermöglichen. Die neu propagierte Drei-Kind-Familie könnte angesichts der Lebenshaltungskosten auf der Strecke bleiben. Wohlstand für alle bleibt weiter unerreicht.

Solange die neuen Ansprüche durch Wirtschaftswachstum und ein damit verbundenes Wohlstandsversprechen abgesichert werden konnten, schien die Stabilität nicht gefährdet. Noch nach dem Massaker auf dem Tiananmen-Platz 1989 galt, dass sich die Intellektuellen in China wie überall auf der Welt wichtig nahmen und notorisch ignorierten, dass es die Bauern und dann die einfachen Arbeiter waren, die jenseits aller Ideologien zum Wohlstandsaufbau in China beitrugen und sich dabei in ihrer spontanen und unideologischen Art wenig um Demokratie und politische Partizipation scherten. Das hat sich inzwischen gründlich gewandelt. Da es mittlerweile mehr Ausgebildete als Ungebildete in China gibt, werden weitere Protestbewegungen nicht auf sich warten lassen. Die zunehmend modernen, das heißt gebildeten und international vernetzten neuen Mittelschichten sind nicht mehr so leicht auf ein rückwärtsgewandtes Programm zu verpflichten.

Die Partei bemüht sich um stärkere Präsenz und um nachhaltigen Einfluss auf das Denken der neuen Mittelschichten und knüpft mit den modernen Überwachungstechniken einschließlich Gesichtserkennung und Sozialkredit-System an alte Praktiken der Erziehungsdiktatur an. Während die vor hundert Jahren von den Gründern der KPCh angestrebte Revolution, geführt von städtischen Intellektuellen, dank der Strategie Mao Zedongs vom Lande ausgehend erfolgreich war, stellt sich heute die Frage, ob sie nunmehr auch in den Städten erfolgreich bleiben wird. Die Bemühungen um die drei Prinzipien des Volkes hatten im Laufe der Jahrzehnte auf allen Ebenen zu Erfolgen geführt, doch das wichtigste Prinzip, das der Volksgemeinschaft, ist die größte Herausforderung geblieben. Als im März 2008 in Lhasa gewaltbereite Proteste gegen Teile der nichttibetischen Bevölkerung und im Juli 2009 in Xinjiang landesweite Gewaltexzesse zu verzeichnen waren, wurde eine Debatte zur Integrationspolitik entfacht, bei der sich über mehrere Jahre eine Gruppe von Reformbefürwortern und status-quo-Anhängern gegenüberstanden. Mit dem Regierungswechsel 2013 setzten sich die Reformer und damit der schon von Sun Yatsen formulierte Han-Chauvinismus schließlich durch. Während die status-quo-Vertreter einen allmählichen und bei sozioökonomischen Veränderungen zu erwartenden Anpassungsprozess befürworteten, vertraten die Reformer einen aktiveren Integrationsprozess.

Doch was schon in den Vereinigten Staaten unter dem Bild des Schmelztiegels oder »melting pot« nur unvollkommen erreicht wurde, ist auch für das Vielvölkerreich China schwer vorstellbar. Chinesisch als Standardsprache mag noch durchsetzbar sein, doch der Ruf nach Respektierung und Bewahrung eigener Kultur- und Glaubensformen wird kaum verstummen. Dabei gerät leicht aus dem Blick, dass auch die Mehrheitsgesellschaft der Han-Chinesen in sich selbst alles andere als einheitlich ist und vielfältige Migrationshintergründe mit sich trägt. Sun Yatsens *Drei Prinzipien des Volkes* müssen heute also überdacht und neu justiert werden, China wird im Inneren noch einen langen Weg zu gehen haben. Die Feiern zum 100. Jubiläum der Parteigründung 2021 konnten die inneren Spannungen nicht verdecken. Gerade wegen dieser Fragilität des innerchinesischen Entwicklungsprozesses einerseits und der Bedeutung Chinas für eine friedliche und prosperierende Zukunft der Weltgemeinschaft andererseits wäre es fatal, würde der Westen gegenüber China mit Unterstellungen von Expansionsgelüsten und Weltbeherrschungsabsichten sein Gewicht in die falsche Waagschale werfen. Auch weil die Zustimmungswerte der chinesischen Bevölkerung zur Politik der KPCh brüchig sind, ist Militarisierung und Kriegstreiberei das Letzte, für das sich die Menschen in China begeistern werden.

Nah vs. Fern. Abstand trotz Parteilichkeit

Einen Ansatz interkultureller Verständigung, der Distanz oder Ferne vernachlässigt, vertritt Ernst Tugendhat, der im Hinblick auf die Beschäftigung mit Fremdem beziehungsweise unter Berücksichtigung einer allgemeinen Anthropologie[6] bemerkt: Es gehe darum, »die Strukturen anderer Kulturen als potentielle eigene« zu sehen mit der beabsichtigten Dynamik, »zwischen subjektiver eigener Perspektive und einer Objektivität, die in einer umfassenden Intersubjektivität besteht«,[7] zu unterscheiden. Wichtig ist hier aber nicht zuletzt das Element der Kritik. Ernst Tugendhat hat das einmal folgendermaßen formuliert: »Die Lebensweise in anderen Kulturen wird als eine mögliche eigene gesehen; das impliziert, dass man die fremden Kulturen ebenso wie die eigene Tradition einer rationalen Kritik unterwirft: der imaginäre Dialog ist ein rationaler, nicht, wie das bei Gadamer erscheint, einfach ein Gespräch, und das bedeutet, dass wenn fremde Kulturen (oder auch meine eigene) Annahmen machen, die ich nicht als begründet anerkennen kann wie zum Beispiel Götterglauben oder nur auf traditionelle Autoritäten beruhende Moral, die zwar meine Kenntnis des Menschlichen in 3. und vielleicht 2. Person vergrößern kann, für die Erweiterung meines und unseres Selbstverständnisses in 1. Person aber verworfen wird.«[8]

Bei der seit einigen Jahren anhaltenden Menschenrechtsdebatte geht es genau um jene von Tugendhat aufgerufene »Objektivität, die in einer umfassenden Intersubjektivität besteht«, es geht um einen »Rekurs auf das Menschsein«, bei dem Abstand und vor allem Ungleichzeitigkeit vernachlässigt werden. Der Mensch aber wird erst durch Zuwendung, durch Liebe und Erziehung zum vergesellschafteten Menschen. Der Mensch ist ohne solche Bildung noch kein Bürger. Die Frage bleibt daher weiter unbeantwortet, wie eine Überwindung von »Ungleichzeitigkeit« durch die Gewinnung eines gemeinsamen Horizonts und damit einer gemeinsamen Weltbürgerschaft erreicht werden kann.

Zudem liegt es auf der Hand, dass im politischen Handeln kein Land allein nach Maximen der Objektivität handelt, sondern sich eher an eigenen Interessen orientiert. In diesem Sinne lässt sich auch das in Europa immer wieder inkriminierte »Dokument Nummer 9« lesen, welches im April 2013 »falsche ideologische Strömungen« brandmarkte und Werbung für die Einführung einer konstitutionellen Demokratie nach westlichem Vorbild untersagte und die Anwendbarkeit westlicher Werte für die ganze Menschheit bezweifelte.[9] Dabei war dann nicht so sehr der Inhalt selbst verstörend als vielmehr die Tatsache, dass Vertreter europäischer Länder, die über die europäischen Modernisierungsdebatten und deren Umsetzung seit der Zeit der Bauernkriege im 16. Jahrhundert informiert sein sollten, sich erregt und voller Empörung über dieses Dokument äußerten, wobei sie im Sinne der Ausführungen Fabian Heubels Gefahr liefen, sich auf die »Vernunft des kolonisierenden Okzidents« (Foucault) und die damit verwobene europäische Aufklärung zu reduzieren. Die mit den Modernisierungsprozessen in Europa verbundenen Konzepte wie das der Nation, sowie im Unterschied zu fraglos universell gültigen Werten und Begriffen stehende Konstruktionen der Moderne wie die Zivilgesellschaft[10] und die neoliberale Wirtschaftsordnung haben ihre jeweiligen historischen Orte und sind eben gerade nicht universal gültig. Zudem gilt allgemein, dass sich die herrschenden Kräfte die Definition des gängigen und etwa in den Schulen vermittelten Geschichtsbilds nicht aus der Hand nehmen lassen. In der Summe beansprucht die KP Chinas also nichts als eine Art Selbstbestimmungsrecht für China. Ob dabei eine auf Homogenisierung zielende und jeden fundamentalen Widerspruch zu verhindern trachtende Politik auf Dauer erfolgreich sein wird, darüber freilich muss es insbesondere in dem sich als Vielvölkerreich verstehenden China und in jeder wissenschaftlichen Beschäftigung mit China auch weiterhin Debatten geben.

Selbstabgrenzung als wechselseitig zuzugestehende Option und eigene Traditionsvergewisserung mit spezifischen Optionen der Auslegung müssen offenbleiben. Niemals kann abschließend beantwortet werden, ob es realistisch ist, die Frage nach dem richtigen Leben allein durch den Rekurs auf das Menschsein beantworten zu wollen. Ebenso muss offenbleiben, ob wir nicht doch auf die Aggregatzustände unseres kulturellen Wissens und damit auf den Rekurs auf Traditionen weiterhin angewiesen bleiben. In jedem Fall aber ist zu konstatieren, dass die in der chinesischen Welt vorfindliche Selbstverortung in einem »Gesammeltsein, in dem ein Mensch zugleich auf die übrige Welt in ihrem Eigensein« sich bezieht, nicht von vornherein illegitim ist, wobei offenbleiben muss, ob man erwarten darf, wie es Ernst Tugendhat formuliert, dass man sich in Form einer Selbstrücknahme »der eigenen Insignifikanz bewusst wird«.[11] Denn eine Selbstverortung allein im Rekurs auf das Menschsein ist noch nicht *eo ipso* zur Verwirklichung eines guten Lebens geeigneter als es in traditional organisierten und religiös durch Gebote des Sollens bestimmten Kulturen der Fall ist. Vielleicht hat Max Weber an ein solches »Gesammeltsein« gedacht, wenn er vom »Gehör« der Chinesen spricht, welches eben – und nun nochmals in Webers Worten – durch ein »soziales, überpersönliches Struktursystem« geprägt wird. Denn es ist ja nicht einfach nur die dingliche Welt, sondern gerade die soziale Welt, ohne die wir als Menschen uns nicht denken können und die daher auch unser Gehör konstituiert und der wir selbst in der Stille nicht entkommen.[12]

Hier bereits sind wir an einem Punkt angelangt, an dem wir einen für alle Modernisierungen so wesentlichen Umstand wie die Säkularisierungsprozesse in China in einem anderen Rahmen vorfinden als in den monotheistischen Traditionen, die ihrerseits ihre Probleme mit der Säkularisation haben, wie sie Bertolt Brecht in seinem Satz »Der Mensch denkt: Gott lenkt – keine Red davon!« aufgespießt hat.[13] Die Gelehrten- und Literatenwelt des kaiserzeitlichen China lebte gerade vor dem Hintergrund einer spezifischen Säkularisation von Distanznahmen und Neuvermessungen von Nah und Fern und stellte sich insofern in die von Konfuzius bezogene agnostische Tradition. Diese Tradition ist weiterhin lebendig. Prominentes Beispiel ist bereits Qu Yuan, der »erste Dichter Chinas«, mit seinen Himmelsreisen[14] ebenso wie der »Traum der Roten Kammer« (*Hongloumeng*), auch bekannt als »Chronik des Steins«, von Cao Xueqin (1715/1724?–1763?) und Gao E (1758?–1815?), einer der »komplexesten Romane der Weltliteratur«[15] und tatsächlich ein Meilenstein in der Erzähltradition Chinas,[16] voller Ironie und Sarkasmus. Mao Zedong behauptete, diesen Roman, der unter dem Motto steht, »[w]enn das Falsche wahr ist, wird auch das Wahre falsch, wo Nichtsein Sein ist, wird auch Sein zum Nichts«[17], fünf Mal gelesen zu haben. Dennoch ließ er ihn, wie vieles sonst während der in seinem letzten Lebensjahrzehnt entfachten Kulturrevolution (1966–1976), in jener Zeit der Neuausrichtung und Unmittelbarkeit, als das Distanznehmen in China tödlich enden konnte, verbieten.

Wie man mit Ironie umzugehen habe, hatte der Große Vorsitzende Jahrzehnte früher erläutert, und da er sie wohl als »verletzende Kritik« verstand, wollte er sie nur sehr eingeschränkt zulassen. Man solle den Volksmassen das Verständnis des Gesagten nicht erschweren: »Die eigenen Genossen wie Feinde behandeln heißt den Standpunkt des Feindes beziehen. Bedeutet das, überhaupt auf Ironie [*fengci* 諷刺] zu verzichten? Nein, Ironie ist immer notwendig. Aber es gibt verschiedene Arten von Ironie: eine, die sich gegen die Feinde wendet, eine an die Verbündeten adressierte, eine, die sich auf Menschen aus unseren eigenen Reihen bezieht – in jedem Fall ist die Einstellung eine andere. Wir sind nicht gegen die Ironie als solche, aber wir müssen damit Schluss machen, sie wahllos zu verwenden.«[18]

In Zeiten, in denen das Freund-Feind-Schema die vorherrschende Denkfigur darstellte, war mithin eine differenzierende Distanznahme schwer möglich. Dabei blieb nicht vergessen, dass auch die Freundschaftsbeziehung traditionell eine Distanz einschließt, denn der Freund ist jener, der einen kennt und der einem den Spiegel zur eigenen Verbesserung vorhält. Hier wie auch in der fortdauernden Ambivalenz gegenüber den Geistern lag weiterhin die Chance differenzierter Distanznahme und zugleich die stärkste Kraft zur Brechung des Freund-Feind-Schemas. Diejenigen, die weiter an Geister glaubten, hatten es gelegentlich sogar leichter, weil ihnen die seit alters gepflegte Skepsis zu Gebote stand, wie sie von dem durch sein Buch *Lunheng* (論衡, »Theorienabwägung«) berühmten Wang Chong (27–97), dem literarischen Urvater aller skeptischen Rationalisten Chinas, vorgetragen worden war. Distanznahmen waren zudem steigerungsfähig, vom bewussten und oft beklagten Abschied bis hin zur absichtsvollen Trennung und Aufkündigung von Freundschaft oder Gefolgschaft. Distanznahme in der Freundschaft steht also ganz im Gegensatz zur Eidgenossenschaft oder zu konfessioneller Einmütigkeit, wie sie Ferdinand Hodler (1853–1918) in seinem Monumentalgemälde *Einmütigkeit* 1913 im Neuen Rathaus von Hannover ins Bild gesetzt hat, und welches man in Kontrast zu Feng Zikais 豐子愷 (1898–1975) Karikatur *Gedanken beim Heckenschneiden* sehen kann.[19] Dort bleiben die Herzen, im *Buch der Lieder* »Leber und Niere«,[20] noch unbeschädigt, während in der Einmütigkeit die kopflose Masse entsteht.[21] Die Harmonie der Freundschaft, wie sie von Giuseppe Verdi im Duett von Don Carlos und Rodrigo erklingt,[22] bleibt im Chinesischen, wie selbst der Begriff für Harmonie *hexie* 和諧 belegt, dem Scherzhaften, dem Gespräch nicht verschlossen.

Das Distanznehmen, lässt sich zusammenfassend konstatieren, ist also seit jeher ein bestimmendes Element der Kultur Chinas, und zwar unabhängig von den sozialen Milieus und ganz abgesehen davon, ob man der von Ruth Benedict eingeführten Unterscheidung von Scham- und Schuldkultur folgt. »Die Ironie ist eine Scham, die sich, um das Geheimnis zu dämpfen, eines Vorhangs aus Scherzen bedient.«[23] Der in dieser Feststellung konstatierte Zusammenhang von Scham und Ironie bezieht sich auf die Distanznahme und nicht auf die autoritative Instanz, der gegenüber Schuld oder Scham empfunden werden. Die chinesische Kultur ist so gesehen eine Kultur der Ironie – und die Frage ist nur, ob sie sich diese Eigenschaft bewahrt.

Dabei müssen wir von vornherein dem Umstand ins Auge blicken, dass aufgrund einer seit jeher bestehenden innerchinesischen Perspektivenvielfalt Wahrnehmung beziehungsweise Feststellung von Ironie asymmetrisch erfolgt – was dem einen Propaganda, ist dem anderen aufschlussreiche und insofern ironische Erzählung. Comics und Bildergeschichten spielen im 20. Jahrhundert eine prominente Rolle.[24] Eine Form intraelitärer Satire oder Ironie sind Karikaturen wie jene des Feng Zikai.[25] Es tritt eine Besonderheit hinzu, die mit der Sprache zu tun hat und mit frühen Vorstellungen von der Besprechbarkeit der Welt in China, wie sie Wolfgang Behr im Begriff der Subtilität (*wei* 微) aufruft, die auch als »Dürre« bezeichnet werden kann.[26] Behr zufolge könnte sich Ironie jenseits der Sprache finden lassen, als das Unsagbare. Dann würde Distanz unsichtbar bleiben, still gewissermaßen, ein unbeschriebenes Blatt, und es ist eine der Grundthesen dieser Ausführungen, dass wegen solcher Unsichtbarkeit Ironie auch dort unterstellt werden kann, wo sie gar nicht vorkommt, und sie da vorkommt, wo sie weder vermutet noch erkannt wird. Ironie wäre demnach eine Form unerkannter Distanznahme. In der darin begründeten Ambivalenz und Vagheit liegt zugleich eine Stärke der chinesischen Welthaltung und der politischen Kultur Chinas überhaupt. Dies gilt auch für die Gegenwart und den Umgang mit Autoritäten. Dabei sind die spezifischen Formen der Weltbegegnung des Einzelnen zu berücksichtigen, wie er sein Selbst und gegebenenfalls seine Person oder seine Seele lokalisiert.

Indem sich China unter der Herrschaft der Kommunistischen Partei von einem Einparteienstaat zu einem Staat mit einer Staatspartei entwickelt hat,[27] ist es zwar noch beweglicher geworden, weil Anpassungsprozesse als Reform und nicht als Revolution deklariert wurden. So kann China den Herausforderungen der Zeit besser entsprechen. Allerdings haben sich die Spielräume für Distanznahmen dabei verändert. Das wirft die Frage auf, welche Folgen das für die Ironiefähigkeit hat. Denn Distanzen bestehen weiterhin, weil Partei und Staat nicht identisch sind, sondern die Partei über gelingendes Staatshandeln ihre Legitimation kontinuierlich weitererringen muss. Das erklärt übrigens, warum dieses System in China selbst als eine besonders gelungene Form der Demokratie verstanden wird.[28] Da ein erheblicher Teil der Elite nicht durch Mitgliedschaft in der Partei gebunden ist, müssen sich insbesondere die Parteimitglieder bewähren. Ob dabei jener von mir andernorts aufgerufene moralische Kompass der traditionellen konfuzianischen Elite maßgeblich bleibt oder nicht doch verblasst, bleibt ungewiss.

Bei jeder Distanzierung kommt es stets auf den Raum an, innerhalb dessen man sich bewegt, so dass Distanznahme nur dann gelingen kann, wenn gewisse gemeinsame Horizonte bestehen. Solche gab es zeitweise in der chinesischen Gelehrtentradition, sie haben sich aber vor allem seit der Bildungsexpansion im 20. Jahrhundert erheblich verändert. Hierfür möchte ich nur drei Arbeiten des Künstlers Zhang Hongtu (張宏圖) anführen. Auf die eine, die Abendmahlsdarstellung aus dem Jahre 1989 mit Mao Zedong und seinen zwölf Jüngern, die alle den Kopf Maos tragen, den Satz unterstellend, »[e]iner unter euch wird mich verraten«, habe ich mich bereits an anderer Stelle bezogen.[29] Andere Bezugnahmen auf Mao Zedong finden sich auf der Homepage des Queens Museums, darunter eine zweisprachige Karte der Akupunkturpunkte und Meridiane von 1990.[30] Ein anderes Werk, *Guo Xi – Van Gogh* von 1998 bezieht sich auf das Bild *Frühlingsanfang* von Guo Xi aus dem Jahre 1072.[31] Vor allem die Gestalt des Großen Vorsitzenden blieb in der ganzen Welt der Bildenden Künste Gegenstand der Staatsraison ebenso wie andauernder kritisch-ironischer Verfremdung.

Die Überblendung scheinbarer Eindeutigkeit durch Ambivalenz angesichts hoher Komplexität und Vielfalt hatte China seit jeher gekennzeichnet und ist zum die Modernisierung kennzeichnenden zentralen Bestimmungsmerkmal geworden. Das spiegelt sich noch in der seit Gründung der Volksrepublik China auftrumpfenden dritten Resolution zur Parteigeschichte, wie sie das Sechste Plenum des 19. Zentralkomitees im November 2021 verabschiedete,[32] hinter welcher die vielen Wirklichkeiten verblassen, »the far more interesting, localized and lived realities of the Party in the making«.[33]

Blitzschneller Perspektivwechsel. Zeitenwende und Ausnahmezustand

Perspektive und Standpunkt stehen also zur Debatte. Es geht um den Grad des Abstands, vorgegeben durch Zugehörigkeit beziehungsweise Fremdheit – und nicht selten auch durch ganz eigene Interessen. Das zeigt der Fall des Historikers und Vizebürgermeisters von Peking Wu Han 吳晗 (1909–1969). Mao Zedong selbst hatte ihn im Jahre 1958 zum Abfassen eines Theaterstückes über Hai Rui 海瑞 (1514–1587) und dessen Entfernung aus dem Amt unter dem Kaiser Jiajing (regierte 1521–1567) aufgefordert. Alle sollten sich »den Geist des Hai Rui«, jenes Typus des verehrten »hehren Beamten« (*qing guan* 清官) zum Vorbild nehmen. Wu Han schrieb das Bühnenstück. Als Mao dann vermutete, mit dem kritisierten Kaiser selbst gemeint zu sein, wurde das jetzt als subversiv verstandene Bühnenstück über Hai Rui als feudalistisch und konterrevolutionär gebrandmarkt und zum Auslöser für die Kulturrevolution, die jede Distanznahme zu brechen und alles auf die Ideen Mao Zedongs auszurichten suchte.[34] Wie dramatisch die Zuspitzung der Entmündigung im Jahr 1967 wurde, zeigt der Beginn eines Artikels in der Zeitschrift *Rote Fahne*, in dem ein gängiges Handbuch über die »Selbstschulung« (*xiuyang* 修養) eines Kommunisten verurteilt wird: »Das Buch über ›Selbstschulung‹ des Kommunisten ist das repräsentative Werk des den kapitalistischen Weg gehenden, obersten Machthabers in der Partei. Dieses Buch ist ein großes giftiges Unkraut gegen den Marxismus-Leninismus und die Ideen Mao Tse-tungs. Mit seinem Gift wurden ganz China und die ganze Welt verseucht.«[35] Immer gab es bei öffentlicher Kritik, auch wenn sie als Humor, Satire oder Ironie auftrat, eine Spannung zwischen Duldung und unvorhersehbarer Intoleranz mit potentiell tödlichem Ausgang, wie es im Bild der mit den Krokodilen Ägyptens in Symbiose lebenden Vögel (*Pluvianus aegyptius*) vorgestellt wird, welche die Zahnreihen der Krokodile reinigen und gelegentlich dann doch selbst im Krokodilmagen landen.[36]

Neben der Perspektive und dem Standpunkt spielt also auch der Zeitpunkt eine Rolle. In Zeiten höchster Anspannung, in Zeiten der Krise sind, wie mehrfach angedeutet, Ironie wie Kritik nach innen nicht an ihrem angestammten Platz. Ironie ebenso wie Kunst und Komik »werden da möglich, wo die *vitale Dringlichkeit* nachlässt«.[37] Wie aber ist eine Verständigung darüber möglich, wann vitale Dringlichkeit herrscht. Wer bestimmt über den Ausnahmezustand oder die »Zeitenwende«? In China, so hat es den Anschein, hat die *vitale Dringlichkeit* seit dem Eintritt ins 20. Jahrhundert eigentlich zu keiner Zeit wirklich nachgelassen. Solange jedenfalls alles in den Dienst der Politik oder der Massen gestellt wird, sind Haltungen der Ironie und Kritik an der für sie notwendigen Distanznahme gehindert.[38] Unsere Frage nach Möglichkeiten für Ironie in China wird aber die Grunddisposition der Ambivalenz stets im Auge behalten. Sie fragt zugleich nach einer Situation der Entspanntheit, frei von Dringlichkeit, in der im Sinne Kierkegaards »Ironie als ein beherrschtes Moment … sich in ihrer Wahrheit gerade dadurch (zeigt), dass sie lehrt, die Wirklichkeit zu verwirklichen«, wobei Kierkegaard einräumt, dass es weiter ein »Sehnen nach einem Höheren und Vollkommeneren« geben kann, Sehnen als eine »gesunde Liebe« verstanden und nicht als ein »verzärteltes, weichliches sich aus der Welt Davonschleichen«.[39] Ein solches eskapistisches »Davonschleichen« macht wie kaum sonst einer Lu Xun kenntlich, etwa in seinem Bericht *Der Weise, der Narr und der Sklave* von 1925[40] oder in seiner erwähnten berühmten Erzählung *Die wahre Geschichte des A Q*,[41] in welcher Lu Xun den Archetyp der negativen Seite des Chinesisch-Seins schildert.[42]

Ironie setzt die Bereitschaft voraus, darauf zu dringen, die Wirklichkeit anzuerkennen und damit gewissermaßen erst zu verwirklichen. Wir finden Ironie also nicht nur in der Form, in der sich einer zum Geringeren hin verstellt, um so den Dialogpartner durch unablässiges Fragen zum Bekenntnis seiner Unwissenheit zu veranlassen, wie wir es in den Dialogen des Konfuzius ebenso wie bei Sokrates finden,[43] sondern auch darin, dass sich im Gespräch einer als jemand erweist, der sich seiner wirklichen Lage nicht wirklich bewusst ist, wie im Falle des Sklaven und des A Q bei Lu Xun. Wo der Durchbruch zur Praxis nicht gelingt, wo beim Sklaven oder ganz allgemein bei der geschundenen Kreatur die Einbildung mit der Realität nicht korrespondiert, kann Ironie als Weckmittel eingesetzt werden. Diese Einsicht spielt auch im Bescheidenheitsgestus bei Konfuzius eine Rolle, wenn er sagt: »Unter drei Weggefährten findet sich sicher ein Lehrer.« Wenn aber die Partei der einzige Lehrer ist, dann ist Ironie im Sinne Kierkegaards nicht mehr möglich. Warum also kann es dann doch in China Ironie geben? Im Modus der Gelassenheit, vielleicht sogar als Heiterkeit auftretend,[44] ist Ironie wohl immer möglich, wenn das einzelne Subjekt die Wirklichkeit mit eigenen Augen anschauen kann und nicht einer autoritativen Vorgabe zu folgen hat, ein Zustand, um den konstant gerungen wird und zu dem Autorinnen und Autoren immer wieder finden.

V. Schriftzeichensystem und Paradoxie

Der Versuch, siebzigtausend Schriftzeichen durch dreißig Buchstaben zu bannen

Die Vielfalt und Aufspreizung der chinesischen Kulturwelt offenbart sich in besonderer Weise in dem hier bereits mehrfach gestreiften Schriftsystem. Die chinesische Schrift ist das komplizierteste System von Formen, welches die Menschheit geschaffen hat, und das markanteste Alleinstellungsmerkmal der chinesischen Kultur, so Lothar Ledderose, ein Kenner der Kunst und der Kunstgeschichte Ostasiens.[1] Ein umfassendes Wörterbuch des Chinesischen kennt etwa 70.000 verschiedene Schriftzeichen. Selbst hochgebildete Literaten beherrschen aktiv gerade einmal ein Zehntel davon, die meisten kennen nur zwei- bis dreitausend. Da aber diese Zeichen aus einem kleinen Repertoire von etwa einem Dutzend unterschiedlich geformten Strichen bestehen – mit denen etwa zweihundert Module gebildet werden, aus denen dann die Schriftzeichen zusammengesetzt sind –, entsteht eine allgemeine Vertrautheit mit sämtlichen Schriftzeichen. Die Texte sind jedem, der sich einmal auf dieses Schriftsystem eingelassen hat, vom Erscheinungsbild her vertraut und überdies grundsätzlich zugänglich, gegebenenfalls über ein Wörterbuch. So bleibt alles, was in den letzten mehr als zweitausend Jahren geschrieben wurde, prinzipiell lesbar. Oder ist das nicht doch eine Illusion?

Bei aller Idealisierung, welche dieses Zeichensystem erfahren hat, von Gottfried Wilhelm Leibniz bis Ezra Pound, haben Linguisten nämlich gezeigt, dass diese logografische Schrift in mehrfacher Hinsicht für die Verschriftung einer Sprache unzureichend und einer Alphabetschrift unterlegen ist.[2] Daher haben Chinas Reformer in der ersten Hälfte des letzten Jahrhunderts die Einführung einer Lateinschrift gefordert. Einer der prominentesten ihrer Vertreter war der bereits mehrfach genannte große Schriftsteller Lu Xun. Noch 1936 betonte Mao Zedong gegenüber seinem Biografen Edgar Snow: »Wir glauben, dass wir früher oder später ohnehin das chinesische Schriftzeichensystem aufgeben müssen, wenn wir eine neue Kultur schaffen wollen, an der die Massen voll und ganz teilhaben.«[3] Warum hatte das Vorhaben bei so vielen Befürwortern dann doch keinen Erfolg?

Während zunächst und im Überschwang der Suche nach einer chinesischen Moderne die Meinung vorherrschte, die Einführung einer Lateinschrift werde eine landesweite Einheitssprache fördern, wendete sich nach der Ausrufung der Volksrepublik im Jahr 1949 das Blatt. Nun überwog die Ansicht, erst wenn sich eine Standardsprache allgemein durchgesetzt habe, könne an eine schrittweise Einführung einer Lateinschrift gedacht werden. In den 1920er und 1930er Jahren war man noch von nationaler Euphorie erfüllt gewesen und hatte sich ein föderales politisches System mit durchaus unterschiedlichen Dialekten und diese repräsentierenden Schriften vorgestellt.[4] Nun aber meinte man, um den Zusammenhalt Chinas nicht zu gefährden, »auf zwei Beinen gehen« zu sollen. Die Beibehaltung der alten Schriftzeichen wurde den Kommunisten ideologisch dadurch erleichtert, dass Stalin von der These, Sprache und Schrift hätten einen Klassencharakter, abgerückt war.[5] So wurde 1958 ein Umschriftsystem in Lateinschrift, das sogenannte »Pinyin«, verkündet und daneben das Schriftsystem beibehalten, aber reformiert.[6] Man wollte die Angehörigen jener Bildungsschicht, auf deren Loyalität die junge sozialistische Volksrepublik angewiesen war, nicht durch eine radikale Abschaffung gerade jenes Bildungskanons verprellen, um den sie sich in harter Lernarbeit jahrelang bemüht hatten. Die Reform bestand nunmehr lediglich in der Vereinfachung einer großen Zahl von Schriftzeichen, was 2.238 von den 7.000 am meisten gebrauchten Zeichen betraf. Zudem wurden im Jahre 1955 etwa eintausend Schreibvarianten offiziell abgeschafft. Man war also bei etwa fünftausend Zeichen für den alltäglichen Gebrauch angekommen, und das lateinische Alphabet war zu einem festen Bestandteil der Schrift geworden, beim Lernen ebenso wie bei der Organisation von Wörterbüchern.

Gleichzeitig betrieb man die Sprachvereinheitlichung weiter, wozu Pinyin einen Beitrag leistete. Dafür wurde der Peking-Dialekt zur Grundlage der »Gemeinsprache« erklärt. Premierminister Zhou Enlai erläuterte: »Die Grundlage der Vereinheitlichung des Chinesischen ist nun geschaffen. Es ist die ›Gemeinsprache‹ [*putonghua* 普通話] mit der Pekinger Aussprache und der Umgangssprache im Norden als Grundlage, wobei die Grammatik sich nach vorbildlichen Schriften in moderner Umgangssprache richtet.«[7] Dieser Entscheidung war ein über mehrere Jahrzehnte dauernder Aushandlungsprozess vorausgegangen.[8] Die Einrichtung einer Aussprachekommission im Jahre 1912 hatte zunächst zu einem Kompromiss geführt, bei dem unterschiedliche Mandarin-Dialekte beziehungsweise Regiolekte berücksichtigt wurden. Entsprechend nannte man dieses »bunte« Mandarin – eine Kunstsprache eigentlich – das »Blaugrüne Mandarin« (*lan-qing guanhua* 蓝青官话). Lu Xun, der bereits genannte »Vater der modernen umgangssprachlichen Literatur«, der einen Wu-Dialekt sprach und zugleich die der »Gegenwartssprache« zugrunde gelegte *guanhua* beherrschte, hatte noch in den 1920er Jahren berichtet: »Ein Mitreisender im Abteil kam aus Taiwan und sprach den Xiamen-Dialekt, den ich nicht verstand; er wiederum verstand nicht mein Blaugrün Mandarin.« (同艙的一個是台湾人, 他能说厦门, 我不懂。我说的蓝青官话，他不懂.)[9]

Trotz dieser nun erreichten Grundlage wagte weiterhin keiner den Schritt, für diese Gemeinsprache statt der Schriftzeichen eine Lateinschrift einzuführen. Zugegeben, es wäre einer grundstürzenden Revolution gleichgekommen, wie sie China noch nicht erlebt hatte.[10] Die Unlesbarkeit eines großen Teils der Schriftzeichen für die große Masse der Bevölkerung hat dann der Künstler Xu Bing thematisiert, der mit seinem *Buch vom Himmel* (*tian shu* 天書) im Jahr 1988 einen Druck mit viertausend von ihm konstruierten Schriftzeichen präsentierte, welche die Anmutung chinesischer Schriftzeichen hatten, aber allesamt nicht lesbar waren, und damit einen Sturm der Entrüstung auslöste, aber doch den Finger spürbar auf die Wunde legte.[11]

Fast stärker noch als die Kommunistische Partei Chinas hatte übrigens die Partei der Republikaner unter Führung von Chiang Kaishek die nordchinesische Hochsprache propagiert und in Taiwan anstelle der Verwendung des lateinischen Alphabets für die weiter beizubehaltenden Schriftzeichen eine phonetische Kodierung durch Striche favorisiert. Es handelt sich um das zu Beginn der Republik erdachte und heute noch in Taiwan gebräuchliche sogenannte Bopomofo, bestehend aus 37 Zeichen und vier Tonmarkierungen, das eine große Nähe zu den grafischen Eigenschaften der Schriftzeichen aufweist.

Argumente für ein alphabetisches Schriftsystem

Das Erlernen der Verschriftung einer gesprochenen Sprache mit einer überschaubaren Anzahl von Zeichen, also einem Alphabet von etwa 25 oder 30 Schriftzeichen, ist die effizienteste Art und Weise, eine gesprochene Sprache zu lernen, eine Standardsprache kann so rasch eingeübt und gepflegt werden. Das ermöglicht es zugleich, die sprachliche Veränderung der Benennung einer Sache bis hin zur Umbenennung mitzuvollziehen. Inhalte werden von den Schriftzeichen befreit und damit ein großer Ballast abgeworfen.

Wenn dagegen eine Bedeutung weiter an ein Schriftzeichen gebunden bleibt, wird sich im weiteren Verlauf bei veränderter Phonetik die Zuordnung zwischen Schriftzeichen und Aussprache ändern; zugleich können dem Schriftzeichen neue Bedeutungen zuwachsen. Mit dieser semantischen Ausdehnung verlieren die Schriftzeichen ihre Eindeutigkeit und damit ihre ursprüngliche Funktion. Denn die Zuordnung eines Schriftzeichens kann sich nicht nur bezüglich seiner Aussprache ändern, sondern auch im Hinblick auf die Bedeutung. Das führt dazu, dass Schriftzeichen neben unterschiedlichen Aussprachen zugleich auch eine große Bedeutungsvielfalt zukommt. Ein in seiner Gestalt gleich bleibendes Schriftzeichen kann so in Einzelfällen zehn oder mehr Bedeutungen haben.[12] Das bedeutet in der Konsequenz, dass man zum Verständnis von geschriebenen Texten, wenn sie nicht gerade von aktuellen und damit allgemein bekannten Dingen sprechen, ohne ein Wörterbuch nicht auskommt – oder eben ungemein gebildet sein muss. Diese Schwierigkeit bezieht sich keineswegs nur auf literarische Texte, sondern auch die einzelnen Dialekte neigen aus phonologischen Gründen zur Verwendung unterschiedlicher Schriftzeichen

Die Schwierigkeiten des Schriftsystems liegen also auf der Hand. Zwar gab es manche Zeichen, die auf eine Sache verweisen wie jene für »Wasser«, »Stein«, »Schaf«, »Rind« oder »Haus«; daran änderten auch die unterschiedlichen Aussprachen beziehungsweise Lesungen nichts. Doch diese Zeichen machen nur ein Prozent aller Zeichen aus, während die anderen von vornherein auf eine Aussprache festgelegt sind. Diese Lautzeichen sind mit Bedeutungselementen verknüpft gebildet worden. Mit dem natürlichen Sprachwandel und dem Fortbestehen großer Dialektunterschiede hatten sich die meisten Zeichen verselbstständigt, und die Korrelation zwischen Schriftzeichen, Aussprache und Bedeutung ist auseinandergedriftet.

Das alles lässt es weiterhin als erstrebenswert erscheinen, die Gemeinsprache durch ein Alphabet zu repräsentieren. Für die Einübung einer Standardsprache wie das heutige Hochchinesisch wäre das gut denkbar und wird daher von Linguisten und Didaktikern befürwortet. Zudem sprechen die meisten Menschen in China diese Gemeinsprache und die regionalen Unterschiede sind nicht erheblicher als die zwischen britischem, amerikanischem oder australischem Englisch.[13] Trotzdem bleibt die Kluft zwischen den Dialekten. Einige dieser Dialekte, Kantonesisch, Hakka oder Min etwa, sind nicht nur untereinander, sondern auch gegenüber der Gemeinsprache gänzlich verschieden, etwa so wie Dänisch und Englisch, Französisch und Spanisch oder Französisch und Italienisch. Bevor man diese und die zahlreichen ethnischen Minderheiten nicht an die Gemeinsprache gewöhnt hat, wäre eine

Umstellung auf eine auf der Aussprache basierende Buchstabenschrift also nur um den Preis der Gefahr des Verlusts eines durch die Schrift prinzipiell zugänglichen einheitlichen Bandes zu verwirklichen. Sind das aber triftige Argumente gegen ein alphabetisches Schriftsystem? Zunächst nicht, nur braucht die Verwirklichung dieses Projektes einfach noch weitere Jahrzehnte oder vielleicht ein ganzes Jahrhundert. Und doch gibt es auch gute Gründe für die Beibehaltung der Schriftzeichen, derentwegen man am alten System festhält und es sogar zum Teil der Identität Chinas erklärt. Welches sind die Gründe dafür, die Schriftzeichen beizubehalten und die lange Zeit favorisierte Alphabetschrift als einzige Schriftform nicht einzuführen?

Gründe für die Beibehaltung der Schriftzeichen

Bei einem zweiten Blick nämlich hat das traditionelle Schriftsystem gegenüber einem Alphabet einige gewichtige Vorteile. Mit der Abschaffung des Schriftsystems würde *erstens* die gesamte bisherige schriftliche Überlieferung museal und der Zugang zur Vergangenheit würde verstellt, während sie bei Beibehaltung des Schriftsystems grundsätzlich »lesbar« bleibt. *Zweitens* könnten starke

Dialektunterschiede dazu führen, dass sich bei einer Alphabetisierung unterschiedliche Sprachen herausbilden, die sich etwa so wie Deutsch und Holländisch und Französisch voneinander unterscheiden. *Drittens* würde für die etwa 120 Millionen Chinesen, die einer ethnischen Minderheit angehören und von denen die Hälfte bereits über eine eigene Schrift verfügt, das im Alphabet geschriebene Gemeinchinesische nur noch als eine Fremdsprache erscheinen und sich sprachlich verselbstständigen – mit den Schriftzeichen als Bedeutungsträgern würden die Völker die letzte Brücke zur chinesischen Kulturwelt verlieren.

Überall dort also, wo die mündliche Verständigung auf Hürden stößt, bildet das Schriftzeichensystem eine Brücke und verweist zugleich darauf, dass eine Vereinheitlichung und Normierung zum Zusammenhalt größerer sozialer Verbände und Regionen hilfreich ist, aber nur bei Zulassung weiterer Subtexte und vor allem lokaler Traditionen erfolgreich sein kann.

Im Hinblick auf die im Zuge der ersten Reichseinigung erfolgten institutionellen Strukturbildungen, zu denen auch eine Schriftvereinheitlichung gehörte, spricht der große amerikanische Chinakenner John K. Fairbank daher zu Recht von einem »Triumph menschlicher Institutionen über die Geographie«.[14] So zielt das chinesische Schriftsystem seit jeher darauf, China, das in seiner Ausdehnung Europa gleicht, zusammenzuhalten. Dazu haben viele ihren Beitrag geleistet, wie etwa der Hof des Kaisers Liang Wu Di in Südchina um das Jahr 500, der nicht nur ein großer Förderer des Buddhismus war, sondern zu dessen Zeit auch der Tausend-Zeichen-Klassiker verfasst wurde, in dem eintausend unterschiedliche Zeichen nur einmal vorkommen und der zur Einübung des Schriftzeichensystems seither immer wieder herangezogen wurde.[15]

Das Schriftsystem hat aber nicht nur eine *integrierende Kraft nach innen*, sondern hat seit frühester Zeit auch nach außen gewirkt. Über Jahrhunderte haben sich die Gebildeten Japans, Koreas und Vietnams der chinesischen Schrift bedient. Das Chinesische wurde zu einem »Latein Ostasiens« und andere Völker wie die Kitan und die Tanguten haben eigene Schriften nach dem chinesischen Vorbild entwickelt.

Jeder, der sich auf dieses Schriftsystem einlässt, begibt sich in eine Sphäre, in der Regeln gelten und befolgt werden müssen. Die *Vorschrift* spielt im doppelten Sinne des Wortes eine Rolle: Lernen durch ständiges Kopieren von bereits *vorgeschriebenen* Formen, wobei man sich an komplizierte, *vorgeschriebene* Regeln halten muss, bilden die Grundlage. Man darf sich nicht selbst erfinden, sonst würde die Schrift nicht mehr lesbar sein.[16] Das Schreiben setzt dauernde Übung voraus und ist im Kern eine Form der Selbstdisziplinierung. Zugleich lässt sich an der beim Schreiben mit Pinsel und Tusche sich abbildenden Körpersprache des Schreibenden das Individuum so gut erkennen wie an seinem Gesicht. Man folgt Regeln und zeigt doch zugleich seine Persönlichkeit in ihrer Einzigartigkeit.[17] Das ist ein Teil der China kennzeichnenden Hybridität, zu der auch gehört, dass sich Einzelne gelegentlich widersetzen und es zu Korrekturen kommt, wenn sie sich durchsetzen, wodurch es immerwährend Anstöße zur Erneuerung gibt.[18] Ebenso wie auf dem Gebiet des Mandarin – also der Sprache – ist China in vielfältigen anderen Ordnungs- und Sinnsystemen eine Hybridbildung, was mit der Vielfalt und dem Integrationszwang sowie mit jenen Akkulturationsprozessen zu tun hat, für die auch der Begriff der »Sinisierung« geprägt wurde. Deswegen gab es auch einmal eine Phase, in der die Plansprache Esperanto mit besonderer Intensität in China als Lösung für das Weltsprachensystem propagiert wurde. Die Spannung zwischen dem Bedürfnis nach einer eigenen Sprache und dem Impuls, die Sprachenvielfalt zu dokumentieren und zu erhalten, einerseits und einem alle Menschen verbindenden Einheitsidiom andererseits hatte auch in China für einige Zeit zu einer starken Bewegung für Esperanto geführt. Zugleich gab es vielfältige Initiativen zur

Bewahrung und Dokumentation von Regiolekten und Minderheitensprachen in China selbst. Die Suche nach Universalsprachen ebenso wie die Bemühung um eine Standardsprache sind nicht nur in China, sondern weltweit immer wieder von Spracherfindungen begleitet worden, wie sie sich im 20. Jahrhundert häufig finden.[19]

Als in den 1980er Jahren die elektronische Textverarbeitung und der Personal Computer die Welt eroberte, glaubten manche, nun sei das alte chinesische Schriftsystem endgültig nicht mehr zu halten. Der Siegeszug des Telefaxgeräts in Ostasien schien dies zu bestätigen, aber das Gegenteil war der Fall. Man übersah, dass es bereits Kodierungen gab wie die zehntausend Zeichen eines Telegrafen-Codes,[20] vor allem aber unterschätze man die weitere Entwicklung der digitalen Techniken und die Lernfähigkeit der chinesischen Welt und ihrer Ingenieure.

Die Schriftzeichen haben noch eine andere für den Zusammenhalt wichtige Eigenschaft. So verstehen mit dem Schriftsystem vertraute Chinesen in aller Welt die in Schriftzeichen geschriebenen, in Alphabetschrift für Nichtkantonesen unverständlichen Parolen der Hongkonger Protestbewegung, wenn diese »Ein-China-Politik: Nein Danke!« auf ihren Plakaten vor sich herträgt. Alle können für sich entscheiden, ob sie solchen Parolen zustimmen. Die ebenfalls in Hong

Kong geführten Banner in englischer Sprache »Gestern Uigur & Tibet, heute Hongkong, morgen Taiwan«, oder »President Trump, please liberate Hong Kong« hingegen werden dann schon leichter übersehen.

Weitere Argumente für die Beibehaltung des Schriftsystems sind die Handschrift und die kognitiven Anreize. Schon vor Jahren haben Bildungsexperten wie Manfred Osten auf die »eindeutig größeren Möglichkeiten für die Ausbildung neuronaler Fähigkeiten« hingewiesen. Das und die Ausbildung eines »stark ausgeprägten eidetischen Gedächtnisses« habe zu einem »lebenslangen geistigen Fitnessvorteil« geführt, »der in China nachhaltig gefördert wird durch den selbstverständlichen hohen Stellenwert der Bildung und die damit verbundene Lernbereitschaft im Sinne des konfuzianischen Wertesystems«.[21] Ferner sind zu nennen: die Integrationskraft und die Ermöglichung kultureller Kohärenz, und daraus resultierend die Schrift als Sinnressource und damit als Denkraum zur Relativierung der Gegenwart.

Nun stellt sich nicht nur für den von außen kommenden Betrachter, sondern auch für den innerchinesischen Diskurs noch eine Besonderheit ein, die mit dem chinesischen Schriftzeichensystem verbunden ist. Da nicht nur die gesprochene Sprache der Gegenwart, sondern alles, was je schriftlich in China niedergelegt worden ist, in diesem System abgebildet wird, suggeriert dies eine Vertrautheit, die in weiten Teilen nur scheinbar beziehungsweise nur äußerlich besteht und gelegentlich vergessen lässt, dass jede Verständnisbemühung und Kommunikation ein hohes Maß an Anstrengung verlangt. Denn das Bedeutungsfeld eines Schriftzeichens muss häufig expliziert werden. Begriffs- und ideengeschichtliche Vergegenwärtigung ist eine wesentliche Komponente dieser Schrift. Zentrale Begriffe haben gleichzeitig oft ganz unterschiedliche Färbung, ob sie nun einen buddhistischen, einen daoistischen oder einen westlichen, etwa Marx'schen oder Hegelschen oder einen sonstigen Hintergrund haben, eine Färbung gewissermaßen, auf die man sich immer wieder neu verständigen muss. Darin zunächst von begriffsgeschichtlichen Herausforderungen in alphabetischen Sprachen nicht grundsätzlich verschieden, ist der Assoziationsreichtum im chinesischen Schriftsystem ungleich größer, und zwar auf der Ebene der Homophonie ebenso wie auf der Ebene der Orthografie. Und dennoch, da sich alles Geschriebene in das umfassende Schriftsystem einfügt, erscheint alles als vertraut und so, als wäre es immer schon Teil der chinesischen Welt gewesen.[22] Homophone und spezifische Auswahl oder Vermeidung eines Zeichens und damit mögliche Tabuisierungen, Anspielungen und Nuancierungen haben ein großes subversives Potential und ermöglichen sprachliche Distanznahme. Die Gelehrsamkeit der Literaten wandelt seit jeher auf diesen Spuren.

So wie dieser Dialog innerhalb der chinesischen Plausibilitätsstrukturen und Sinnressourcen stattfindet und insofern ein innerchinesischer Dialog bleibt, bildet die heutige Propagierung eines »Sozialismus chinesischer Prägung« eine weitere Konzentration auf China. Die Beibehaltung des Schriftzeichensystems verklammert die Gegenwart mit der gesamten schriftlichen Überlieferung Chinas und vermag sich auf zurückreichende Systeme der Anspielungen und des Tabubruchs und einer geradezu grenzenlosen Ermöglichung von Allegorese zu beziehen. Damit bleibt ein großer Resonanzraum für Distanznahmen erhalten. Dass dieser immer wieder aktuell beschnitten zu werden droht, ändert nichts an dem Fortbestand solcher Möglichkeitsräume, welche die Stärken des traditionellen Schriftzeichensystems bestätigen.

Universalismus und Eigenrecht

Vor dem Hintergrund der hier skizzierten Möglichkeitsräume, innerhalb derer, so eine Beobachtung, »chinesische Forscher nun über ein ›neues System des Himmelunten‹ nachdenken«,[23] sollte auf europäischer Seite der auf die Antike zurückgehende chinesische Universalismus des »Himmelunten« (*tianxia* 天下) nicht als »Angriff auf den menschenrechtlichen Universalismus« wahrgenommen werden. Es geht nicht um einen Kampf philosophischer Weltanschauungen zwischen dem »liberalen Westen« und der »autoritären Weltgroßmacht China«.[24] Aus Ironie ermöglichender Distanz kann es, so formuliert Fabian Heubel, nach westlicher Vorstellung zwar »nur *einen* Universalismus geben, nämlich den einzig wahren, der neben sich keinen anderen zu dulden bereit ist«.[25] In Wirklichkeit ermöglichen gerade eine auf allen Seiten geübte Distanznahme und ein zumindest vorübergehendes Abstandnehmen »von den eigenen Hintergrundüberzeugungen«[26] neue Freiheitsräume und die heute dringender als je zuvor notwendige Erweiterung des Fortschrittsbegriffs und dessen Erörterung unter Einbeziehung bisheriger und neu zu verhandelnder Verabredungen.

Hierbei hat China einen unbestrittenen Vorteil, der in der Tradition der Vertauschung in der oben genannten Unterscheidung zwischen Innen und Außen, zwischen Loyalität und Dissens liegt. Gerade das Spiel mit der Sprache und dem Schriftzeichensystem ermöglicht immer wieder von neuem Anlass zu Ironie und Gelächter, gelegentlich auch zu Hohn und tiefsinnigem Spott, wie das Literaten vorführen, deren Texte in China gelegentlich nur unter der Hand angeboten und dann oft besonders intensiv rezipiert werden. Als Beispiel sei hier nur Yu Hua 余華 und dessen Essayband *China in zehn Wörtern. Eine Einführung* genannt.[27]

Dass von außen kommende Lehren kritisch erörtert werden, hat wie angemerkt eine lange Tradition,[28] die in besonders prominenter Weise bei der Einführung des Buddhismus im frühen chinesischen Mittelalter begann und die sich bis heute fortsetzt. Abgleiche von Innen und Außen sind im Felde von Übersetzungen erfolgt, oft mehrfach und damit ein und dasselbe Werk in immer wieder neuen chinesischen Versionen offerierend. So etwa konnte schließlich der Buddhismus in China heimischer werden als er es anderswo je gewesen war. Vielleicht wäre das auch eine Option für die westliche Philosophie. Parolen wie »das machen wir anders als Moskau« oder »wir sehen in den Vereinigten Staaten kein Vorbild für unsere Zukunft« paaren sich mit subtilen Auseinandersetzungen, für die als Beispiel hier nur der fingierte und etwa 1925 niedergeschriebene Dialog zwischen Konfuzius und Karl Marx des mit Mao Zedong vertrauten Guo Moruo (1892–1978) stehen soll.[29]

Die anfangs aufgerufene von Horst Bredekamp betonte Unterscheidung von Bild und Welt,[30] und die Forderung nach Gewinnung von Abstand, seiner Meinung nach »eine der größten

Errungenschaften Europas«,[31] finden wir in umgekehrter Perspektive in einem Bericht aus dem Jahr 313,[32] in dem Deutungsversuche gegenüber zwei aus dem Meer aufgetauchten Gestalten zunächst Abstand herstellen und sich erst nach mehrfachen Versuchen eine neue Vertrautheit einstellt, wobei offenbleibt, ob sich die Götter oder die Menschen bewähren müssen. Fischer hatten in der Mündung des Yangzi zwei dort treibende menschliche Figuren gesichtet, die sie für Götter des Meeres hielten. Doch weder die Beschwörung durch Schamanen, noch dargebrachte Fleischopfer und auch nicht die Vermutung, es handele sich um einen Himmlischen Meister des »Fünf Scheffel Reis-Weges«, ermöglichte ihre Bergung. Erst die Vermutung, es könne sich um eine aus Barmherzigkeit geschaffene Verkörperung des Großen Erwachten handeln, des Buddha Shakyamuni also, führte dazu, dass sich diese Statuen von selbst aufrichteten und auf bereitgestellten Wägen platzierten. Die Menge brachte sie in einer Prozession zum »Tempel des Verborgenen« (*xuan si* 玄寺). Der Vorfall wurde dem Hof gemeldet, und in der Folge sollen sich neun von zehn Haushalten, Adlige ebenso wie einfache Leute, zum Buddhismus bekannt haben.[33] Es war also die Gewinnung von Abstand zu den eigenen Vorurteilen, die schließlich zur Verbreitung des Buddhismus geführt hat.

Eine solche Erfahrung hat Europa in der frühen Neuzeit in der Begegnung mit dem Fremden gemacht, sich im Kontext christlicher Glaubensgewissheit damit aber doch schwer getan. Dem Neugeborenen wurde die ungetrübte Erwartung an das Leben zugesprochen. Die mit der Aufklärungstradition immer schon verbundene Einsicht in die Klippen der Subjektivität hat Søren Kierkegaard zu der Einsicht gebracht, »ein Leben, das menschenwürdig genannt werden kann, beginnt mit der Ironie«. Zuvor hatte er bereits erklärt, die Ironie sei nichts als »die leichteste und unscheinbarste Bezeichnung der Subjektivität.«[34] Damit sind nun als Hintergründe einerseits der Entwicklungsstatus (Kind – Jenseits der Kindheit) und andererseits das Weltverhältnis angesprochen. Beides waren Themen im frühneuzeitlichen Diskurs der innereuropäischen Verständigung über das Fremde. Zum Weltverhältnis hat Max Weber, selbst in einer langen Tradition europäischer Chinabilder stehend, konstatiert: »Diejenige der Absicht nach rationale Ethik, welche die Spannung gegen die Welt, sowohl ihre religiöse Entwertung wie ihre praktische Ablehnung, auf ein absolutes Minimum reduzierte, war […] der Konfuzianismus.«[35] Gegen die Verallgemeinerung dieser konfuzianischen Weltbejahung und Weltanpassung ist, gelegentlich in ausdrücklichem Bezug auf Max Weber, Widerspruch angemeldet worden.[36]

In diesem Zusammenhang gibt es besonderen Anlass, nach Elementen der Ironie im traditionellen China Ausschau zu halten. Nähme man nämlich die idealtypische Charakterisierung Max Webers für das Ganze, entginge einem die ganze Vielfalt innerhalb der Sphäre des Säkularisationsprozesses, dem der tendenzielle Agnostizismus des Konfuzius ebenso zuzurechnen ist wie eine »beherrschte Ironie« oder die Haltung des »Als-ob«. Von der »beherrschten Ironie« sagt Kierkegaard, sie meine nicht mehr, wie gewisse kluge Leute im Alltagsleben, dass immerfort noch etwas dahinterstecken müsse; sie »verhindert aber auch jeglichen Götzendienst mit der Erscheinung [...].«[37] Man müsse, so Kierkegaard zuvor, »vor der Ironie warnen als vor einer Verführerin, [...] sie doch auch anempfehlen als eine Wegbegleiterin.« Und dann: »Die Ironie ist als das Negative der Weg, – nicht die Wahrheit, sondern der Weg.«[38]

In diesem Sinne finden wir Ironie in China seit jeher, und wir finden sie bis heute. Nur in jenen Phasen, in denen Weg und Wahrheit gleichgesetzt wurden, wurde Ironie zur Gefahr und ihrerseits gefährdet. Dann konnte sogar das Wort Bonhoeffers gelten, »dass ›die Wahrheit sagen‹ je nach dem Ort, an dem man sich befindet, etwas verschiedenes bedeutet«, was soweit gehen kann, dass »eine Lüge mehr Wahrheit« enthält als ein Verzicht auf die Lüge.[39]

Da die Wege der letzten Jahrzehnte in den Augen vieler auch in die Irre geführt haben, scheinen die Schlussfolgerungen von Ursula Panhans-Bühler nicht abwegig, wenn sie konstatiert: »Chinesische Künstler und Chinesen im Allgemeinen […] wissen sich auch ohne Ironie zu helfen. Jedenfalls sehen sie den Import westlicher Demokratie, wenn sich hinter dieser Maske nur noch die Diktatur der Märkte und der Anleger verbirgt, mit Skepsis, denn das kennen sie selbst schon zur Genüge […]«.[40] Diese Sicht bestätigt der Pekinger Philosoph und Germanist Huang Liaoyu 黄燎宇 unter der Überschrift »Aufklärung in China, wozu?«, der seine Rede mit den Worten beschließt: »[…] der konfuzianische Chinese ist lernselig, aufnahmefähig und harmoniebedürftig. Doch wenn er die Klagen und Kritiken aus dem Westen liest, kann er trotz redlicher geistiger Anstrengungen nicht kapieren, was man überhaupt von ihm wolle. Er weiß nicht einmal, ob es eher an seiner Unter- oder an seiner Überaufgeklärtheit liege, daß er den anderen nicht gefällt. Der konfuzianische Chinese, was nun? Wäre es für ihn und auch für andere besser, wenn er sich von der tätigen, lebensfrohen und fortschrittsfreudigen Welt der Aufklärung in die taoistische Welt des Nichtstuns oder in die buddhistische der Entsagung zurückzöge? Wäre man dann zufrieden mit ihm? – Hoffentlich hilft uns die dritte chinesische Aufklärung, eine befriedigende Antwort auf diese Frage zu finden.«[41] Diese im April 2008 an der Peking Universität gesprochenen Worte werden ganz gewiss in nächster Zeit reformuliert werden müssen. Dabei wird sich erweisen, dass die Spielräume für Ironie in China weiter sind als »der Westen« zu ahnen in der Lage ist. Zugleich werden sich die Spielräume verändern, und insbesondere auf dem Gebiet der Literatur, der Science-Fiction-Literatur, werden die Wege ins Innere und ins Äußere, die sich ergänzen, aber auch überlagern können, im wahrsten Sinne des Wortes neue Wege zum Selbst und zur neuen Distanznahme weisen.

VI. Distanziertheit des Himmels und reale Gespenster

Unvollständige Säkularisation

In Zeiten des Dissenses oder notwendiger Kritik, seien die Dringlichkeiten innerer oder äußerer Natur, kann einem schnell das Lachen vergehen. Auch das ist immer wieder thematisiert worden, wie von der Autorin Can Xue 残雪, die in ihrem Blog am 22. Juni 2006 schrieb, Humor (*youmo* 幽默) sei den Chinesen fremd, sie hätten nur einen Sinn für das Komische (*huaji* 滑稽).[1] Das mag für »die Chinesen« gelten, aber nicht für alle und ganz gewiss nicht für diejenigen, die sich in die literarische Tradition Chinas stellen. Gerade die Literaten haben ihre Distanz zur Welt immer wieder durch ihre Skepsis gegenüber allem Geisterglauben ausgebildet und sich dabei auch die Wirklichkeit mit einer Haltung des »Als-ob« auf Distanz gehalten. So wurde es zu einer Besonderheit der philosophisch-geistigen Traditionen Chinas, dass innerhalb der Schicht der Gebildeten sehr früh eine radikale Skepsis gegenüber allem Geister- und Götterglauben vorherrschte. Yu Xin

庾信 (513–581) dichtete beispielsweise: »Der sogenannte Himmel ist nur blaue Luft / Die sogenannte Erde ein gefühlloser Kloß / Vergeblich alles Klagen, sie sind empfindungslos!« (所謂天，乎乃曰蒼蒼之氣，所謂地乎，其實摶摶之土，怨之徒也，何能感焉!)[2] Solcher Gleichgültigkeit, wie sie auch im *Buch der Wandlungen* aufgerufen wird in dem Satz »[Der Himmel] bewegt die zehntausend Dinge und empfindet kein Mitleid mit den Heiligen. (天)鼓萬物而不與聖人同憂«, steht die Bereitschaft zur Seite, den Geister- und Wunderglauben in einer Distanzierung so zuzulassen, »als ob« es solche Geister, Götter und Wunder gäbe.[3] Die bis heute nicht zum Erliegen gekommene Präsenz der Anrufung Gottes im Islam ebenso wie in christlichen Milieus in aller Welt stellt hierzu fraglos einen fundamentalen Kontrast dar – in dem von Paulus eingenommenen Vertrauen sicherlich unbedenklich, für das Menschheitsschicksal jedoch brandgefährlich in der Ausprägung alteuropäischer Wahrheitsgewissheit. Allerdings haben auch christliche Theologen wie Dietrich Bonhoeffer dieses »Als-ob« gedacht.[4]

»Es gibt keine Gespenster auf der Welt«, konstatierte 1961 der Direktor des Instituts für Literatur der Chinesischen Akademie für Sozialwissenschaften, He Qifang (何其芳), doch, fuhr er dann fort, »existieren tatsächlich viele Dinge, die diesen Geistern gleichen. Im großen treten sie als internationaler Imperialismus und dessen Lakaien [...] in Erscheinung, als moderner Revisionismus, als gefährliche Naturkatastrophen, als einige noch nicht umerzogene Angehörige der Gutsbesitzerklasse«.[5] Trotz aller zwischenzeitlicher Verfemungen und Kämpfe gegen solche Geister stellt man sich bis heute dann doch immer wieder in die Tradition der agnostischen Haltung des Konfuzius, und geht mit allem »Aberglauben« so um, dass er den Modernisierungsprozess nicht behelligt. Es handelt sich um eine »unvollständige« Säkularisation, wie sie auch noch in den Bemerkungen des He Qifang anklingt, deren »Vervollständigung« insbesondere bei den Urbanisierungsprozessen der Gegenwart angestrebt wird.[6] Dabei sucht der Staat »nach dem Prinzip der Trennung von Religion und Bildung« vor allem die nachwachsende Generation von der Praxis jeder Religionsausübung fernzuhalten.[7] Dieser Modernisierungsprozess wird auch in der Bemühung um Integration der vielfältigen Völker Chinas in einen sich bildenden Einheitsstaat betrieben, mit zahlreichen erwartbaren Schwierigkeiten, die sich gegenwärtig verschärfen, weil das Ein-China-Konzept – auch von Kräften außerhalb Chinas – grundsätzlich in Frage gestellt wird.

Der erhörende Gott und der Begriff des Himmels und des Heiligen

Auch in China ist die Vorstellung vom Hörenden ebenso in anthropomorphe Gottesvorstellungen eingegangen wie im Psalm 107, ganz allgemein aber auch in die Vorstellung von einer übergeordneten Instanz wie im *Buch der Urkunden* (*Shujing* 書經), in dem es heißt: »Der Himmel sieht, was unser Volk sieht; der Himmel hört, was unser Volk hört.«[8] Die Idealgestalt, welche an diesem Kommunikationsraum teilhat, findet sich in der Vorstellung vom Heiligen, der in China als Sprechender und Hörender vorgestellt wird. Das ist jedenfalls die ursprüngliche Bedeutung des Begriffs vom Heiligen *shengren* 聖人 in der chinesischen Tradition, der damit die Haltung einer geläuterten oder aufgeklärten Mystik verwirklicht.

Das Wissen und das Reden über Musik und Riten hat in China eine lange multiperspektivische Tradition,[9] in den klassischen Schriften ebenso wie in der sogenannten »materiellen Kultur«, etwa in den Glockenspielen der Zhou-Zeit, zu denen Lothar von Falkenhausen umfassend geforscht hat.[10] Das Hören von Tönen und Musik ist so in einem sehr weiten Spektrum differenziert erfasst worden und man könnte hier ein frühes Beispiel für den von Andreas Reckwitz beschriebenen »Prozess gesellschaftlicher Ästhetisierung«

vermuten.[11] Wie universell das Hören gerade für die chinesische Kulturwelt ist, hat Heinrich Geiger angedeutet und gezeigt, wie eine Gewinnung der ganzen Wirklichkeit nicht bei der Trennung von Himmel und Erde stehen bleiben kann.[12] Dass mit der chinesischen Sprache aufgewachsene Menschen ihr absolutes Gehör eher behalten als andere, haben Vergleichsstudien gezeigt. »Nicht Gene, sondern frühkindlicher Einfluss entscheidend für das in China viel häufigere absolute Gehör«,[13] überschrieb die Deutsche Gesellschaft für Endokrinologie am 3. Juni 2016 eine Mitteilung, aus der man schließen könnte, dass die Chinesen die Welt vielleicht doch besser und objektiver zu hören in der Lage sind als wir es uns bisher gedacht haben.

Dabei kommt die Aufspreizung durch das Wechselspiel zwischen Innen und Außen zustande. Ein zentraler Satz zur Musik im *Buch der Riten* ist: »Die Musik kommt aus dem Inneren hervor. Die Riten dagegen werden einem Impuls von außen folgend vollzogen.« (樂由中出, 禮自外作.)[14] Und zuvor heißt es: »Die Gefühle in Einklang zu bringen und die Äußerungen zur Schönheit zu bringen, das ist die Aufgabe von Sitte und Musik.«[15] Solche Positionen haben die Kunst und die Künstler seit jeher geprägt. Dem berühmten Maler Zhang Zao 張璪 (8. Jh.) wird der Satz in den Mund gelegt: »Im Äußeren nehme ich mir die Schöpfung zum Meister, im Innern finde ich die Quelle meines Herzens.«[16] Diese Überlegung knüpft an den Gedanken der stillen Leerheit (*xujing* 虛靜) an, der natürlich unter dem Einfluss buddhistischer Spekulationen seit dem vierten Jahrhundert in vielfältiger Weise vertieft wurde[17] und sich zugleich mit daoistischen Überlegungen verwob, wie er etwa im *Taishang qingjing jing* 太上清静經 dargelegt wird.[18] Doch auch unabhängig und in enger Weiterführung des Nachdenkens über die Klassikertradition gab es in den ästhetischen Debatten stets einen Bezug auf Riten und Musik, wie etwa bei Li Zehou 李泽厚.[19]

Die Überlegungen bei dem jüngeren Zhu Zhirong 朱志荣 ebenso wie bei Li Zehou sind von einem Entsprechungsprinzip und einem Harmoniegedanken getragen, bei dem sich die Frage nach den Spielräumen stellt. Hierzu vorerst nur so viel: Überlieferung alleine garantiert noch nicht die Harmonie, und neue Zeiten erfordern neue Antworten. Dadurch entstehen Spielräume, für deren Ausfüllung es der Heiligen bedarf, die man heute auch als Personen mit Charisma oder Idealmenschen bezeichnen könnte. Entsprechend dem bereits aufgerufenen Satz des Konfuzius »*shu er buzuo* 述而不作«[20] heißt es im *Buch der Sitte* (*Liji* 禮記): »Darum, wer das Wesen von Sitte und Musik versteht, der vermag sie zu schaffen;

wer die Formen von Sitte und Musik versteht, der vermag sie zu überliefern. Wer sie zu schaffen vermag ist ein Heiliger. Wer sie zu überliefern vermag, der ist ein Weiser.« (故者禮樂之情者能作，識禮樂之文者能述。作者之謂聖，述者之謂明.)[21] Dieser Zusammenhang ist konstitutiv für die traditionelle kulturelle Debatte, bei der vermutlich gerade wegen der großen Vielfalt der Erscheinungen die Nachahmung, in erster Linie die Nachahmung der kosmischen Strukturen, im Vordergrund steht, kreative Anpassung und Innovation aber gleichermaßen für erforderlich gehalten werden. Schon die Schrift wird als eine Übernahme der Muster aus der Natur verstanden, und in ähnlicher Weise richten sich die Beurteilung von Reden und Handeln der Herrschenden und damit der historiografische Prozess nach diesem Muster.[22]

Was vom »Heiligen« zu sagen ist, hat einmal Richard Wilhelm in Bezug auf Konfuzius so formuliert: »Niemand«, heißt es in der *Einleitung* zur Übersetzung des *Lunyu*, »kann an der Persönlichkeit des Kung vorüber gehen. Kung ist das historisch gewordene Ideal der überwältigenden Mehrheit des chinesischen Volkes«.[23] Und zur Größe des Konfuzius heißt es dann, auch unter Hinweis auf die Musik, man müsse ihn »entschieden als einen der ganz Großen der Menschheit bezeichnen«.[24] Richard Wilhelm begründet das folgendermaßen: »Wie in der Musik ein jeder Komponist seinen bestimmten Rhythmus hat, der alle seine Werke einheitlich durchdringt, so hat jeder große Mann eine besondere Rhythmik des Handelns und Erlebens, die sich mehr oder weniger von dem passiven Gelebtwerden der großen Menge unterscheidet. Die Größe einer Persönlichkeit hängt nun einerseits davon ab, wie hoch sich diese Eigenart des Erlebens über das Niveau ihrer Zeit erhebt, und andererseits davon, wie groß ihre Kraft ist, auch andere Menschen in diese neue Art des Lebens hineinzuziehen und so ihr Leben gestaltend zu bestimmen.«[25]

Auf diese Besonderheit der chinesischen Welt hatte sich Richard Wilhelm eingelassen, offenkundig selbst einem in seiner Zeit lebendigen Geniekult verpflichtet, und er konnte daher anders mit den Elementen der chinesischen Kultur umgehen als manche seiner Zeitgenossen, etwa der Missionar Carl Johannes Voskamp. Dieser berichtet von der die Prozession des Drachen bei den Drachenfesten begleitenden Musik – in einer für solche Rituale durchaus realistischen Darstellung, dass »ein ohrenbetäubender Lärm von kreischenden Saiteninstrumenten, von schreienden Bambusflöten und überlauten Trommeln und Gongs ihn umgibt und unter endlosem Geprassel von Feuerwerkskörpern der dichte Pulverdampf ihn umzieht«.[26] Mit dieser Beschreibung, so realistisch sie auch klingt, bekundet der protestantische Missionar eine Abwehrhaltung. Die meisten Forscher aber, die sich den Glaubens- und Ritualpraktiken widmeten, suchten sich der Vorstellung vom Heiligen in China ohne Ressentiment zu nähern, wie es schon Wilhelm Grube (1855–1908), älterer Zeitgenosse Richard Wilhelms, in dem postum erschienen Werk *Religion und Kultus der Chinesen*[27] tat und wie es bis in die Gegenwart Teile der sinologischen Forschung prägt.[28]

Wechsel von Innen und Außen

Da sich China seit jeher um den Austausch mit dem Außen bemüht, fällt die Vertauschung von Innen und Außen nicht so leicht auf. Damit erklärt sich auch der sonst merkwürdig erscheinende Umstand, dass Beschreibungen Chinas von außen, als solche ausdrücklich gekennzeichnet, dort weite Verbreitung finden.[29] Immer wieder macht man sich in China das Chinabild von außen zu eigen – das traf auch zu auf die Rede vom »kranken Mann Ostasiens«.[30] Oder man verwahrt sich dagegen aufs Heftigste, wie in neuerer Zeit vielfach zu beobachten; andere Bilder wurden eher als Feindbilder wahrgenommen, so das von der »gelben Gefahr«[31] und jüngst das von der »Weltmacht von morgen«, weswegen sich Raymond Dawsons

Formulierung von China als Chamäleon immer wieder von Neuem bewahrheitet.[32]

Tatsächlich scheint die Frage danach, was China eigentlich ist, unbeantwortbar. China ist also wirklich und zugleich eine Täuschung im Sinne des altgriechischen Begriffs der *eironeia*, der so viel wie Vortäuschung oder Verstellung bedeutet, und in diesem Sinne ist China ganz wörtlich das Land der Ironie, das in der Begegnung mit der Außenwelt dann aber ernst genommen und keinesfalls zum Gegenstand der Ironie gemacht werden möchte. Das Land der Ironie möchte selbst nicht ironisiert werden, und der Sprecher des Außenministeriums würde darauf pochen, Ironie sei eine »innerchinesische Angelegenheit«. Vorwürfe unangemessener Berichterstattung über China haben daher auch immer wieder groteske Züge angenommen, wie im Falle des Filmregisseurs Michelangelo Antonioni, dessen 1972 gedrehter Dokumentar-Film *Chung Kuo-Cina* oder *Reich der Mitte* zwei Jahre später zu internationalen Verwicklungen führte. Die Pekinger *Volkszeitung* schmähte den Regisseur als »Wurm, der für die Russen spricht«.[33] Dass ein Land als ironisch bezeichnet wird, ist übrigens auch für Deutschland bezeugt, das der Soziologe Heinz Bude als ein auf Dauer gestelltes Provisorium und insofern als »ironische Nation« bezeichnet hat.[34]

Die Janusköpfigkeit im Innen/Außen-Verkehr hat nun nicht nur im politischen Diskurs, sondern auch im Fernhandel eine lange Tradition, von dem nach den Bedürfnissen der europäischen Höfe einschließlich des Osmanischen Reiches hergestellten Exportporzellan bis hin zur Avantgardekunst im China der Gegenwart, die lange Zeit im Ausland als Exportkunst Aufmerksamkeit fand und zugleich zur Internationalisierung des chinesischen Kunstmarktes, aber auch der Kunst und der Künstler beigetragen hat, während manche im Ausland berühmte Künstler in China selbst weniger Beachtung fanden. Diese Werke sind voller ironischer Zitierungen und Verfremdungen chinesischer Wirklichkeit ebenso wie offizieller Propaganda – und so wurde gelegentlich China durch eigene Künstler von außen ironisiert.[35] Vor allem die Erinnerungen an die Bildwelten der Kulturrevolution boten Anlässe zu neuen Arbeiten.[36]

In der Gegenüberstellung von Innen und Außen wurde oft die Stellung des Individuums in der Gesellschaft thematisiert. Auch wurde thematisiert, wie China in seiner Besonderheit erst durch die Gegenüberstellung von Ost und West definiert und in tabellarischer Form augenfällig charakterisiert wurde – eine Gegenüberstellung, die ihrerseits nach ironischer Stellungnahme schreit.[37] Gelegentlich scheitern auch Demonstrationsversuche wie jener des chinesischen Künstlers Ai Weiwei im Frühjahr 2011 in London. Er wollte die Besucher der Londoner Tate Modern mit 100 Millionen bemalten Sonnenblumenkernen beglücken. Auf einem sich auf tausend Quadratmeter ausdehnenden, zehn Zentimeter tiefen Teppich aus bemalten Porzellan-Sonnenblumenkernen sollte man in diesem grau-weißen Samenmeer spazieren können, herumtollen und die Individualität jedes einzelnen Sonnenblumenkerns erkennen. Man sollte über China und den Westen nachdenken, über das Verhältnis des Einzelnen zur Massengesellschaft. Zwei Jahre lang hatte Ai Weiwei 1.600 Kunsthandwerker in Jingdezhen diese Sonnenblumenkerne herstellen und bemalen lassen – einhundertfünfzig Tonnen –, und diese nach London in die Turbinenhalle gebracht. Bis zum 2. Mai 2011 sollte man dieses Erlebnis genießen können, es kam dann aber ganz anders: Das Herumtollen der Besucher auf dem Kunstwerk erzeugte Staub, und weil dieser Staub gefährlich werden könnte, wenn er inhaliert wird, wurde das Kunstwerk am vierten Tag nach der Eröffnung von Sicherheitsexperten des Museums gesperrt. Damit hat Ai Weiwei gewissermaßen selbst einen Beleg für die Grenzen der Freiheit und einen ironischen Kommentar zu seiner Intention geliefert.

Grenzen des Bewusstseins und der Innenraum des Menschen

Zu den Grenzen der Freiheit äußerte sich Ai Weiwei einige Jahre später mit den Worten: »Wir denken, wir wären frei, aber das stimmt nicht. Wir sind nicht frei, wir waren es nie.« Und auf die Frage, wie er das meine: »Im Westen ist die Idee von Freiheit eine totale Lüge. Aber das können die Menschen nicht sehen. Im Chinesischen gibt es ein Sprichwort: ›Wer auf dem Berg steht, sieht den Berg nicht.‹ Freiheit bedeutet nicht, sich kaufen zu können, was man will, oder reisen zu können, wohin man will. Das verstehe ich nicht unter Freiheit.« Und dazu, was er unter Freiheit verstehe, sagte er dann: »Freiheit ist das Vermögen, an Grenzen seines Bewusstseins vorzudringen. Nur wenn man diese Grenzen sprengen und in Taten umsetzen kann, kann man seine Existenz beweisen. Das ist etwas anderes als das landläufige Verständnis von Freiheit, ein komfortables Leben zu führen und freie Entscheidungen treffen zu können. Weil diese Entscheidungen, die wir treffen, eben nicht frei sind. Sie ergeben sich aus der Gesellschaft, in der wir leben, einer Gesellschaft, die mitunter kriminell ist, aber unter deren schützendem Schirm wir stehen und von der wir profitieren auf Kosten der vielen, die diese Freiheiten niemals haben werden.«[38] Diese besondere

Art eines »Rekurses auf das Menschsein« spielt auch auf die Wege zu einer gemeinsamen Weltbürgerschaft an. Volker Braun spricht davon in seiner Kamenzer Lessing-Rede, wenn er beklagt, dass man der »Regieanweisung des Ministers Gorbatschow« nicht gefolgt sei, weil sonst »bis zum Jahre 2000 die konventionellen, chemischen und atomaren Waffen vernichtet worden« wären. Und er fährt fort, es liege »auf der Hand, dass es nicht mehr um Ideologien oder Religionen geht, so sehr sich die Kämpfe der Kontinente in die alten Mäntel hüllen«, sondern um »die sozialen Bedingungen des Menschseins«.[39]

Die inneren Gefilde des Bewusstseins sind in China seit ältester Zeit ausgeschritten worden, seit den Überlegungen im *Zhuangzi*, um einen spezifischen Text zu benennen. Dort findet sich die gleiche schalkhafte Haltung wie sie Sokrates im *Phaidon* gegenüber Kriton an den Tag legt. Auf die Frage, wie er begraben werden wolle, säht Sokrates Zweifel an der Verfügbarkeit seiner Person: »wenn ihr mich nur wirklich haben werdet und ich euch nicht entwischt bin«, verbunden mit dem lächelnd vorgetragenen Hinweis: »Dieser Kriton [...] glaubt, ich sei jener, den er nun bald tot sehen wird.«[40]

Vom Verhältnis des Einzelnen zur Masse war bereits mehrfach die Rede, und dieses Verhältnis bleibt prekär, insbesondere in sich im Umbruch oder in Krisen befindenden Gesellschaften. Traditionen brechen ab und das Neue kann sich nur gegen Widerstände Bahn brechen. Insbesondere wenn an Traditionen festgehalten wird, auch wenn sie nicht mehr lesbar sind, und sich dort, wo bisher Vertrauen und Verlässlichkeit herrschten, Unsicherheit eingestellt hat. Das hat der Künstler Xu Bing vielfach thematisiert, vor allem mit seinem *Buch vom Himmel* (*tian shu* 天書). Mit diesem »Als-ob« legte er zugleich den Finger in die Wunde der Unzugänglichkeit des Schriftsystems für die Massen – so könnte man meinen. Im Jahr 2008, nach dem verheerenden Erdbeben von Sichuan, erschien eine von ihm gestaltete Zeitschrift unter dem Thema »Der Himmel beschützt China« (天佑中华)[41] mit eingelegten Briefumschlägen, die Bilder von Eltern vor den Trümmern eingestürzter Schulen zeigen, die ihre einzigen Kinder begraben hatten – und es blieb offen, ob der Himmel oder eine andere Instanz versagte.

VII. Verstellung und Überwindung von Grenzen

Sphären der Geltung

Kulturelle Prädispositionen, welche zu unterschiedlichen Weltbildern und Werthorizonten führen, sind in zahlreichen Wissenschaften Teil der Erkenntnisgewinnung und -vertiefung. Dabei ist die Grenzziehung zwischen objektiver Wahrheit und subjektiver Bewertung nicht von vornherein festgelegt; es gibt die Wahrheitserfassung bestimmende Prädispositionen, die sich nicht gänzlich von Wertbezügen abkoppeln lassen. So gehen, um nur ein Beispiel zu geben, in mathematische Kalkulationen zur Ermittlung von Algorithmen für die Optimierung von Prozessen zahlreiche unterschiedliche Variablen ein, die eindeutig von auf Wertentscheidungen fußenden Wahrnehmungshorizonten abhängig sind. Weiterhin bedeutet, um im Beispiel zu bleiben, die Optimierung von Prozessen immer auch eine Vernachlässigung, man könnte auch sagen Benachteiligung von Umgebungen. Vor dem Hintergrund dieser Überlegungen wird leicht deutlich, dass mit den

Begriffen Kunst, Gehör und China sehr komplexe Wirklichkeiten angesprochen worden sind.

Damit ist dann auch schon der Begriff des Chinesischen angesprochen: Er meint die im Selbstverständnis der Mehrheit der traditionellen ebenso wie der heutigen Eliten gedachte Prädisposition einer Zugehörigkeit zu den die chinesische Kulturwelt charakterisierenden Merkmalen. Das Bemerkenswerte an dieser Zugehörigkeit besteht nun darin, dass sie retrospektiv eher als eine Wahlverwandtschaft, als Zugehörigkeit zu einer »leeren Mitte« verstanden werden muss[1] und ihr eine biologistische Komponente eher fremd ist.

Vor diesem Hintergrund stellt sich die Frage nach dem Begriff der »Kreativität«, die für ein harmonisches Weltgefüge nötig ist, die Frage nach den kulturellen Mustern und danach, inwieweit sich künstlerisches Schaffen in China von dem in Europa unterscheidet. Dabei ist zu beachten, dass es zu all diesen Fragen in China bereits einen schon mehrfach angesprochenen Diskurs gibt, der eng mit Ambivalenzparametern, darunter vor allem der Innen-Außen-Unterscheidung, verknüpft ist, zu der auch die Natur-Kultur-Unterscheidung gehört. Zu letzterer sei hier angemerkt, dass im Sinne gegenwärtiger Nachhaltigkeitsdiskurse auch die chinesische Vergangenheit nicht frei ist von anthropogenen Umweltzerstörungen und damit verbundenen Harmonieverlusten.[2] Für den Bereich der Kunst haben neuere Forschungen gezeigt, dass es innerhalb der chinesischen Kunsttraditionen ein hohes Maß an Kreativität und einen Originalitätsanspruch gibt, der in mancher Hinsicht jenem der italienischen Renaissance ebenbürtig ist und diesen vielleicht sogar noch übertrifft, wofür hier der Kürze halber auf die Arbeit Katharine P. Burnetts verwiesen sei.[3]

Kreativität jenseits alltäglicher Plausibilitäten

Damit kehren wir nochmals zur Musik zurück und stellen die Frage nach allgemeingültigen Erfahrungshorizonten. Bekannt ist das begeisterte Bekenntnis Baudelaires zu Richard Wagner, das Vorspiel zum *Lohengrin* nimmt ihn gefangen: »Ich fühlte mich befreit von den Banden der Schwere, und ich fand durch die Erinnerung das außerordentliche Wohlgefühl wieder, das an hohen Orten in der Luft liegt […] Und dann malte ich mir unwillkürlich den wonnevollen Zustand eines Menschen aus, der in einer völligen Einsamkeit einer großen Träumerei anheimgegeben ist, jedoch in einer Einsamkeit mit unermesslichem Horizont und breit sich ergießendem Lichte […] Ich hatte ganz die Vorstellung von einer

Seele, die sich in einer lichthellen Umgebung bewegt, einer Ekstase, aus Wonne und Erkenntnis geboren und hoch und ferne schwebend – über der natürlichen Welt!«[4] Baudelaire war, so Helmut Mauró, kein blinder Schwärmer. Er zog Schlüsse aus eigenem und fremdem Erleben und war überzeugt, dass Wagners Musik als »die wahrhafte Musik verschiedenen Gehirnen analoge Ideen suggeriert«, dass sie die »unteilbare Totalität« der göttlichen Schöpfung widerspiegelt. Dem hätte Thomas Mann zugestimmt, nicht aber dessen Bruder Heinrich,[5] und wie hier Dissens alltäglich ist, so war es auch in China etwa unter Kennern des Singspiels immer der Fall, woraus allein sich die Stilvielfalt der chinesischen Oper erklärt. Es scheint sich also bei der Rede von einer »unteilbaren Totalität« um eine Illusion zu handeln.

Unabhängig davon, ob man diese zulässt oder verwirft, besondere Folgen kann solche Illusion zeitigen, wenn sie auf andere Kulturen projiziert wird, wovon europäische Chinabegeisterung ähnlich wie chinesische Selbstauslegungstheorie nie ganz frei waren. So spricht C. G. Jung in seiner in München am 10. Mai 1930 gehaltenen Gedenkrede auf Richard Wilhelm[6] von dessen Übersetzung und Kommentierung des *I Ging* als »größte seiner Leistungen«, welche »den Geist chinesischer Kultur«[7] verkörpere. Die »der Praxis des *I Ging* zugrundeliegende Funktion« stehe »in schärfstem Widerspruch zu unserer abendländischen wissenschaftlich-kausalistischen Weltanschauung« und sei daher »unserem wissenschaftlichen Urteil entzogen und unverständlich«.[8] Damit konstatiert Jung einen Mangel unsererseits an Gehör und gründet sein Urteil auf die Einsicht in Inkommensurabilität. Er führt dann aus: »Die Wissenschaft des *I Ging* beruht nämlich nicht auf dem Kausalprinzip, sondern auf einem [...] Prinzip, das ich versuchsweise als *synchronistisches* Prinzip bezeichnet habe.«[9] Man muss nicht allen Ausdeutungen Jungs folgen, um doch anerkennen zu können, dass es zwischen den Einsichten eines Baudelaire oder eines Celibidache und den Schlussfolgerungen C. G. Jungs eine Verwandtschaft gibt. Denn unter dem Horizont eines »ganz Anderen«, einer »unteilbaren Totalität« können sich neue Perspektiven und Spielräume zeigen, die besonders dann entstehen, wenn man sich der Erfahrung einer fremden Kultur nicht verweigert, kein Vorurteil und kein Besserwissen entgegensetzt, sondern ihr Herz und Sinne öffnet.[10]

»Techno-Orientalismus« und der Goldene Pavillon einsam in der Landschaft

Die Spielräume oder traditionell das Reich der Freiheit im Gegensatz zum Reich der Notwendigkeit ist nach unserem westlichen Verständnis konstitutiv für den entwickelten reifen Menschen und ein wesentlicher Teil künstlerischen Handelns. So ist auch in unserem »westlichen« Selbstverständnis »ästhetische Erfahrung konstitutiv individuell«.[11] Markus Gabriel geht es um die »Lücke«, welche »zwischen der Materialität des Werks und den Vorstellungsfolgen klafft«.[12] Bei jedem Kulturvergleich stellt sich dann die Frage nach den Möglichkeiten und Beschränkungen innerhalb der jeweiligen Lücke – man könnte auch von dem Sagbaren sprechen, das einen neuen Spielraum zwischen den Angehörigen unterschiedlicher Kulturen eröffnet.

Voraussetzung für einen Kulturvergleich im Bereich des Künstlerischen nämlich ist stets die grundsätzliche Anerkennung der Geltungsansprüche des Anderen. Sie muss mehr sein als nur das Zugeständnis von Lernfähigkeit. Der Satz Max Webers, »Der Chinese würde […] ebenso fähig, vermutlich noch fähiger sein als der Japaner, sich den technisch und ökonomisch im neuzeitlichen Kulturgebiet zur Vollentwicklung gelangten Kapitalismus *anzueignen*«,[13] sagt eben noch nichts über eine fortdauernde Kreativität aus. Solches Zugestehen verbindet sich immer noch leicht mit einem Bild vom »Techno-Orientalismus«, wonach die konfuzianischen Gesellschaften Ostasiens technologisch fortgeschritten, aber moralisch und intellektuell rückständig geblieben seien.[14]

Solche Behauptungen verstellen leicht die Frage danach, ob nicht die Söhne und Töchter der europäischen Kulturwelt und damit »wir« uns nicht doch auch auf die Spielräume der chinesischen Kulturwelt einzulassen vermögen. Wir könnten, so meine ich, zu der vielleicht überraschenden Erkenntnis gelangen, dass wir bei einem solchen Prozess möglicherweise Freiheiten verlieren und zugleich neue Freiheiten gewinnen. Um die Dimensionen solcher Spielräume zu ermessen, will ich hier einige Dimensionen auflisten, wobei die folgende Aufzählung ganz vorläufig und keineswegs abschließend ist.

Wenn nämlich »ästhetische Erfahrung« »konstitutiv individuell« ist, wie Markus Gabriel konstatiert, stellt sich die Frage, wie sie dann zugleich allgemein sein kann. Hierzu möchte ich auf die oben angeführte Aussage Richard Wilhelms zur Meisterschaft des Konfuzius verweisen und den chinesischen Diskurs zu »Überliefern, nicht selbst schaffen« nochmals aufgreifen. Dieser Diskurs beschreibt ganz allgemein den Vorrang der Überlieferung und zugleich die Hürden, welche zu nehmen sind, um als Schöpfer von etwas Neuem legitimiert zu sein. Dieser Gedanke beschäftigte, wie wir sahen, auch den Ritenklassiker.[15]

Eng damit verbunden ist die eingangs mit Worten Daniel Kehlmanns und Inger Christensens aufgerufene Vorstellung vom Verlust einer vergangenen Welt, die es wiederzugewinnen gelte. Auch wenn solcher Bezug auf frühere Zeiten rückwärtsgewandt erscheint, so birgt er eben doch ein hohes Maß an Kreativitätspotential. Eine hier zugehörige Dimension ist das Aufrufen und neue Spielen mit tatsächlichen oder imaginierten Verlusten der Vergangenheit, oft auch einfach mit dem Verlust der »Heimat« aufgerufen.

Dazu ein Beispiel unter Hinweis auf Shi Chong 石崇 (249–300), auf dessen Pavillon im Goldenen Tale im Lied *Von der Jugend* bei Li Bai Bezug genommen wird, das als Grundlage für Hans Bethges und Gustav Mahlers Text im *Lied von der Erde* erst spät identifiziert wurde.[16] Denn Li Bai zitiert damit in seinem Liedgedicht jenen Shi Chong, der in einer turbulenten und zugleich glanzvollen Zeit lebte, die wir als die formative Periode der Landschaftslyrik in China und des Kunstgedichts und Kunstlieds überhaupt ansehen. Wenn dieser Shi Chong nun in der Einleitung zu seinem Lied »Ich sehne mich nach der Heimat« darüber berichtet, wie das Lied zustande kam und wie er zwar eine Melodie, aber keinen Text und dann auch keinen Komponisten vorfand, so könnte man meinen, Shi Chong habe sich bereits einen Gustav Mahler zur Vertonung seiner Lyrik gewünscht. In dieser Einleitung, hier in der Übersetzung Ritter Erwin von Zachs aus dem *Wenxuan*, heißt es:

»Wenn ich nach Hause zurückkehrte, erfreute ich mich am Lautenspiel oder an Lektüre; auch liebte ich es, Lebenselixier zu verspeisen und Luft hinunterzuschlucken, weil ich nicht sterben, sondern einmal mich stolz in die Wolken erheben wollte, wie ein unsterblicher Genius. Plötzlich wurde ich wieder in die amtliche Laufbahn verstrickt und erging mich aufs Neue in den Reihen der hohen Würdenträger. Die lästigen Angelegenheiten der Menschen nahmen mich wieder in Beschlag, so dass ich stets Sehnsucht hatte, nach der Heimat zurückzukehren, und ohne Unterbrechung aufseufzen musste. Ich blätterte durch die Musikliteratur und fand das Lied [die Musiknotation/Melodie] ›Ich sehne mich nach der Heimat zurückzukehren‹. Wahrscheinlich haben die Leute des Altertums ähnliche Gefühle empfunden wie jene der Jetztzeit und so dieses Lied komponiert. Es besitzt Musiknoten, aber keine Worte. Jetzt habe ich Worte dazu verfasst, in denen ich meine Gefühle zum Ausdruck bringe. Leider kenne ich keinen tüchtigen Komponisten, den ich veranlassen könnte, dazu neue Musik zu komponieren und auf Blas- oder Streichinstrumenten zu spielen.«[17]

Mit der Suche nach der Wiedergewinnung der Vergangenheit eng verbunden ist der Wettbewerb um die beste Formulierung, wie er uns beispielhaft in den »Reden über Dichtung« (*shihua* 詩話) überliefert wird.[18] Dabei geht es um den Wettstreit bei der Suche nach dem verlorenen Begriff innerhalb eines Kunstwerkes, wo nach langer Suche sich der dann doch zufällig gefundene Originaltext als unüberbietbar erweist. Spielräume ergeben sich bei solchen Interpretationsbemühungen immer, wie sie sich seit der Han-Zeit in unterschiedlichen Schulen und Rekonstruktions- und Deutungstraditionen finden. Dabei ist die Aufarbeitung der Vergangenheit und die Formulierung von Berichten arbeitsteilig organisiert, und es wird zwischen Wesentlichem (*ben*) und Unwesentlichem (*mo*) unterschieden, wie im *Benmolun* 本末論 des Ouyang Xiu (1007–1072 歐陽修) ausgeführt.[19]

In den Deutungsdiskursen überschneiden sich Horizonte und selbst bei Textgleichheit kann sich der Sinn zwischen dem Modus der Verrücktheit und dem der Satire bewegen, wie wir in neuerer Zeit an dem bereits mehrfach aufgerufenen Werk von Xu Bing sehen.[20] Die so zur Darstellung kommenden Spielräume haben etwas mit der »leeren Mitte« zu tun und können so auch versuchsweise als Begriff zur Beschreibung der Eigenart des »Chinesischen« genommen werden.

Einbrüche von außen und Integrationismus

In China gab es stets den Einzelnen sowie die Vorstellung eines Einbruchs von außen, für den wir den Begriff der Offenbarung kennen. Beispiele finden sich im daoistischen Kanon zuhauf, in dem uns vielfach Anweisungen dafür entgegentreten, wie man in einem bestimmten Raum, einer Kammer, einer Höhle oder in seinem Inneren die ganze Welt finden und realisieren kann. All diese Praktiken folgen der Vorstellung von der Harmonisierung von Innen und Außen beziehungsweise aller Gestirne mit dem Universum, wobei allerdings Einweisungen durch einen Lehrer die Voraussetzung sind.[21]

Eine Form des Integrationismus jenseits daoistischer Heilssuche ist die Sphäre der jeden Partikularismus überwindenden Integration, die wir auch als »Proto-Nationalismus« bezeichnen können und die bis in die Gegenwart als zukunftsoffener Aggregatzustand diskutiert wird.[22] Als Beispiel für solchen Integrationismus bieten sich Einhegungspraktiken an, wie wir sie seit dem chinesischen Mittelalter häufig finden und wie sie bei der Ausbildung des Buddhismus ebenso wie im Daoismus und in der Verbindung von beidem zu finden sind. Nach einer sich seit Han Yu 韓愈 (768–824) verstärkt zeigenden Einhegung, wenn nicht Beschränkung oder gar Disziplinierung buddhistischer und daoistischer Kulte und Gemeinschaften, formuliert ein Ouyang Shoudao 歐陽守道 (1209–?) eine Position, nach der man das abweichende Verhalten derer, die sich dem Mönchsweg verschreiben, akzeptieren solle, da die Träger solchen Verhaltens schwach und auch zu sonst nichts nutze seien: »Nur die Jungen und die Schwachen in den Dörfern schließen sich an und vermögen in ein ordentliches Leben nicht zurückzukehren.«[23] Hier ist mit der Tolerierung zugleich der Gedanke der Auslese verbunden. Solche »darwinistische« Traditionen haben die chinesische Kulturdebatte seit ihren Anfängen begleitet.

In der traditionellen Poetik Chinas gilt die Aussage eines Gedichts als persönliche Aussage, die aber, wenn sie gelingt, stets auch das Allgemeine umfasst. Dieser Zusammenhang, mehrfach bereits als »Integrationismus«[24] apostrophiert, erfordert nicht, wie es Max Weber für sich erkannte, die Entscheidung zwischen dem einen oder dem anderen Gott – denn im Idealfall sind die unterschiedlichen Wertsphären komplementär beziehungsweise sich ergänzend. Freilich hat es für den Einzelnen auch Situationen der Ausweglosigkeit gegeben, Ziel- oder Normenkonflikte, etwa zwischen unterschiedlichen Loyalitäten – zum Beispiel zwischen Familie und Staat. Die Dramatisierung solcher widerstreitenden Geltungsansprüche ist dann erst ein Merkmal der späten Kaiserzeit.

Durch die Komplementarität verschiedener Wertsphären entsteht ein Raum der Freiheit, ganz allgemein, aber auch speziell für die Künste wie für die Wissenschaften. Auch wenn zunächst das Kunstwerk die Welt harmonisch abbilden oder den Harmonisierungsprozess begleiten soll, so gehen die Freiräume weit darüber hinaus. Gerade wegen seiner Komplexität kann das Chinesische diese Weite besonders ausschreiten. Eine Form der Deutung dreht sich um die Intention der Autoren, auf die Menzius ausdrücklich hinweist, wenn er anregt, »mit der Idee der Intention entgegenzukommen« (*yi yi ni zhi* 以意逆志).[25] Hier ist der Begriff *yi* 意 (»Absicht, Gedanke, Idee, Sinn«) zentral, mit dessen Hilfe man den »Intentionen« und den eigenen Gedanken (des Textes/des Dichters) (*zhi* 志) und damit der wahren Deutung des Liedes, nicht nur jener des »Liedes vor dem Gesetz«, sondern allem Gesang entgegen geht.

In dem Maße in dem China seine eigene Diversität auch als Gefahr verstand und die alte Formel, »Die Geschichte lehrt, dass die Macht über die Welt, wenn sie lange geteilt war, geeint werden muss, und wenn sie lange geeint war, geteilt werden muss«, präsent hält, wird die Tendenz gestärkt, China allen Chinesen zu erschließen. So heißt ein für einen Besuch in Xinjiang werbender Slogan: »Wenn Du nicht nach Xinjiang gehst, weißt Du nicht, wie groß China eigentlich ist. Wenn Du nicht Ili besuchst, kennst Du nicht die Schönheit Xinjiangs.«[26] Auch einem solchen Slogan kann man mit Abstand begegnen. Das Lachen bleibt im Volk lebendig, ob es nun offen auftritt oder sich auf den Bühnen des Singspiels verkleidet, und bleibt immer Ausdruck von Respektlosigkeit und Unehrerbietigkeit. Es bleibt die Form der Distanznahme des »kleinen Mannes«, die selbst in der literarischen Überlieferung eine lange Geschichte kennt, von den Frechheiten der Chan-Mönche der Tang-Zeit über die »selbstreflexive Vulgarität« eines Wang Fanzhi,[27] bis hin zu den Texten eines Yu Han oder Mo Yan oder den Installationen eines Xu Bing.

Entlarvungen und Chinironia heute

Ironie setzt erweitertes Wissen und Distanznahmen voraus – auch solche, die sich auf Vergangenheit und Zukunft beziehen. Es könnte sein, dass sie im Sinne Kierkegaards darauf zielt,

»die Wirklichkeit zu verwirklichen«. Vielleicht gerade deswegen werden heutzutage Begriffe des Humors und der Witzigkeit in China gerne dem Begriff der Ironie vorgezogen, weil nach den Enttäuschungen der westlichen Moderne im 20. Jahrhundert keine Horizonte einer neuen Wirklichkeit mehr sichtbar sind. Nach einer Durchsicht unterschiedlicher Positionen chinesischer Künstler vermerkt Ursula Panhans-Bühler hierzu: »Vielleicht also haben Spielarten des Humors, gerade auch im Umgang mit Ironie als Haltung, eine größere Chance, was nicht bedeuten soll, dass Symptome neuer Konflikte, zum Beispiel eines Rückzugs auf einen nicht klinisch, sondern psychosozial zu verstehenden Autismus, deswegen weniger ernst zu nehmen wären.«[28] In jedem Falle aber geht es um die Aufrechterhaltung von Skepsis. Es geht um Entlarvungen, des chinesischen Selbstexplikationsnarrativs in allen seinen Spielarten ebenso wie der westlichen Demokratieexport-Propaganda, hinter deren Maske sich, wie bereits ausgeführt »nur noch die Diktatur der Märkte und der Anleger verbirgt«.[29]

Ich bin mir auch nicht sicher, ob die im Zuge der Einhegung von Subjektivität aufkommende Tendenz in China, sich selbst Ironie und die Neigung oder Fähigkeit dazu abzusprechen, nicht doch nur Teil einer Strategie ist, die Kontrastierung Chinas gegenüber dem Westen zu bekräftigen und vielleicht sogar Teil einer Selbstverzwergung darstellt. Der Autor Sun Longji betont im Gespräch mit Thomas Heberer: »Der Sinn für Transzendenz, d. h. sich über die Gesellschaft zu erheben, das Spirituelle zu erreichen, oder einen Sinn für Ironie zu entwickeln usw. ist nicht so ausgeprägt wie im westlichen Selbst.«[30] Eine ähnliche Aussage findet sich am Ende des Buches: »Fähigkeit zu Kritik und Selbstkritik ist die Voraussetzung der ironischen Haltung. Ironie weist auf die Unstimmigkeiten einer Aussage hin und stellt den eigenen Standpunkt in Frage. Im chinesischen Denken jedoch, das sich von der konfuzianischen Forderung nach der ›Berichtigung der Bezeichnungen‹ leiten lässt, ist jegliche Ironie verpönt.«[31] Kai Strittmatter, der an der ursprünglichen Ausgabe von *Das ummauerte Ich* im Jahre 1994 beteiligt war, hatte im Magazin *Folio* der *NZZ* bereits im November 1994 in einem Text mit dem Titel »Für jeden ein Nest. Die erdrückende Fürsorge von Staat und Partei« geschrieben: »Doch jeder Mauerfall ist auch eine Befreiung. Das ehedem allgegenwärtige Danwei-System zerbröckelt und eröffnet dem Einzelnen neue Chancen. […] Dang'an, die Personalakte, und hukou, das strenge System der Wohnortregistrierung, haben die Chinesen früher an ihre Danwei gekettet. Beides ist in Auflösung begriffen. Die Danwei hat ihre historische Rolle ausgespielt. Um den Preis des Verlustes der Nestwärme: Die Menschen können sich aus der allumfassenden Abhängigkeit freistrampeln, die «ewigen Kinder» (Sun Longji) zu Individuen werden.« Diese Hoffnung musste Strittmatter dann enttäuscht sehen, als die Individuen als Einzelne einer totalen Überwachung unterworfen wurden, wie er es in seinem Buch beschreibt.[32] Nun kann man die Entwicklung der letzten Jahre so oder ähnlich beschreiben. Man kann aber auch in andere Bereiche schauen und wird profilierte Subjektivität finden und feststellen, wie es in der chinesischen Kulturwelt einzelnen bei der Entwicklung Chinas »um mehr geht als nur um Aneignung westlicher Traditionen und Errungenschaften, und auch um mehr als eine einfache Synthese von Ost und West«, sondern darum, »die chinesische Tradition weiterzuführen, zu modifizieren und zu bereichern«, ja vielleicht sogar »in China eine Epoche zu überwinden«.[33]

Dass es zu Anfang des 20. Jahrhunderts Max Weber bei seiner Beschäftigung mit China und anderen Kulturen darum ging, die Besonderheit der Entwicklung des Westens, von der eingangs die Rede war, zu verstehen, liegt auf der Hand. Weber selbst bemühte sich um Distanznahme zur »europäischen Kulturwelt«, wie sie in jener Zeit üblich war, wenn man an den Ausruf Gottfried Benns in seinem Gedicht *Alaska* denkt: »Europa, dieser Nasenpopel / Aus einer Konfirmandennase, / Wir wollen nach Alaska gehn.«[34] Auch andere Versuche wie diejenige Karl Haushofers zur Weltpolitik von 1931[35] oder Carl Schmitts Konzept von der »westlichen Hemisphäre« und der Ausbildung einer »amerikanischen Sicherheitszone« aus der Mitte des Jahrhunderts[36] sind eingebettet in weitere Diskurse und durch Distanznahme gekennzeichnet, die, auch wenn man diese Haltung als ironisch bezeichnet, nicht durch ausgedehnte Kommentierung einzuholen ist, wie es etwa Viatcheslav Vetrov für Max Webers China-Studie fordert.[37] Hier ist ein Rekurs auf das »weite Feld« des alten Briest die bessere Variante, im Gegensatz zu Effi Briests Abwehr gegen alles gar zu Fremde, kulminierend in dem an Innstetten gerichteten Satz: »Ein Chinese, find ich, hat immer was Gruseliges«.[38]

Anmerkungen

I. Phönix und Drache – Nervosität und Eigensinn

1 Karl Rosenkranz, »Der Fortschritt in der Einförmigkeit unserer Civilisation«, in: ders., *Neue Studien*, Bd. 1, Leipzig 1875, S. 545 [Rechtschreibung aktualisiert].

2 Erich Follath u. Hans-Jürgen Schlamp im Gespräch mit Ralf Dahrendorf, »Doppelmoral gibt es überall«, in: *Der Spiegel* 18 (2006), S. 109–111, hier S. 111.

3 Heribert Prantl, »Russland wegdenken?«, in: *Süddeutsche Zeitung* (1.1.2024), {www.sueddeutsche.de/politik/prantls-blick-russland-krieg-europa-1.6326761}.

4 Siehe Joseph A. Haydt, »The Method of Lessing's Late Theological Writings: Irony and Truth«, in: *Lessing Yearbook/Jahrbuch XLIX* (2022), S. 119–136. Unter Hinweis auf Ludwig Wittgenstein formuliert Haydt: »Lessing's development of an ironic perspective becomes a way of freeing us from a ›picture‹ previously held us captive.«

5 Volker Depkat, *American Exceptionalism*, Lanham 2021.

6 Carl Schmitt, »Die geschichtliche Struktur des heutigen Weltgegensatzes von Ost und West«, in: *Freundschaftliche Begegnungen. Festschrift für Ernst Jünger zum 60. Geburtstag*, Frankfurt a. M. 1955, S. 135–167, hier S. 137. Carl Schmitt be-

zieht sich auf seine Ausführungen in *Der Nomos der Erde im Völkerrecht des Jus Publicum Europaeum*, Köln 1950, S. 260–261.

7 Siehe Josef Braml u. Mathew Burrows, *Die Traumwandler. Wie China und die USA in einen neuen Weltkrieg schlittern*, München 2023.

8 Susan Neiman, *Links ≠ woke*, Berlin 2023.

9 Ein wissenschaftsgeschichtlicher Meilenstein war die Studie Margaret Mead u. Rhoda Métraux (Hg.), *The Study of Culture at a Distance*, Chicago 1953.

10 Ein Appell an die Kultur und die Kulturwissenschaften findet sich bei Horst Bredekamp, *Bild, Recht, Zeit. Ein Plädoyer für die Neugewinnung von Distanz*, München 2021.

11 Diesen im Englischen als »borrowing the past to satirize the present« bekannten Umgang mit der Vergangenheit hat wiederholt Wolfgang Kubin herausgestellt. Siehe Jon Eugene von Kowallis, »Lu Xun's Early Essays and Present-Day China«, in: *Studia Orientalia Slovaca* 12:1 (2013), S. 1–16, hier S. 13.

12 Hier beziehe ich mich auf Jens Kulenkampff, »Mehr als eine Welt?«, in: Klaus Oehler (Hg.), *Zeichen und Realität*, Tübingen 1984, S. 131–139, der darin Nelson Goodman, *Weisen der Welterzeugung*, Frankfurt a. M. 1984, erörtert.

13 Ebd., S. 139.

14 Hannah Arendt, *Freundschaft in finsteren Zeiten. Gedanken zu Lessing*, Berlin 2018, S. 76–77.

15 Dieser Zusammenhang war mir noch nicht bewusst in meinem Beitrag »Traditionalismus und Geschichtsschreibung in China – Zur Maxime

›shu erh pu-tso‹«, in: *Saeculum* 28:1 (1977), S. 42–52.

16 Zhu Weizheng, *Coming out of the Middle Ages. Comparative Reflections on China and the West*, New York 1990, S. VII–X.

17 Siehe Zhu Weizheng 朱維錚, *Zouchu zhongshiji* 走出中世紀, Shanghai 2007, S. 13. Für die sprachliche Klärung danke ich Achim Mittag, Tübingen.

18 Er bezieht sich auf Maos Version des *Shijing*, Lieder 256 und besonders 257.

19 Liu Hsieh, *The Literary Mind and the Carving of Dragons*, Taipei 1970, S. 109–111. 劉勰, 文心彫龍。施友忠譯.

20 Congyan Cai, *The Rise of China and International Law: Taking Chinese Exceptionalism Seriously*, Oxford 2019.

21 Zum Drachen siehe Liu Zhixiong 劉志雄 u. Yang Jingrong 楊靜榮, *Long yu zhongguo wenhua* 龍與中国文化, Peking 1992. Zu dem »Gedankenexperiment« von Oskar Negt, der China als positive Alternative zum Westen zu konstruieren suchte, siehe ders., *Modernisierung im Zeichen des Drachen. China und der europäische Mythos der Moderne*, Frankfurt a. M. 1988, und Helwig Schmidt-Glintzer, »Der Eigensinn autochthoner Lebenswelten, der okzidentale Rationalismus und die Dialektik der Aufklärung«, in: *Soziologische Revue* 13:1 (1990), S. 5–10. – datiert 5. März 1989.

22 Siehe hierzu Helwig Schmidt-Glintzer, *Der Edle und der Ochse. Chinas Eliten und ihr moralischer Kompass*, Berlin 2022, S. 25 ff.

23 Siehe Andreas Berndt, *Der Kult der Drachenkönige (longwang) im China der späten Kaiserzeit*, Leipzig 2020.

24 Hierzu siehe Mark Edward Lewis, *The Construction of Space in Early China*, Albany 2006.

25 Auf diese Zusammenhänge ist an anderer Stelle hingewiesen worden, insbesondere in meinen Essays *Der Edle und der Ochse* und *Chinas leere Mitte. Die Identität Chinas und die globale Moderne*, Berlin 2018.

26 Zum Phönix siehe Gu Fangsong 顧方松, *Fengniao tu'an yanjiu* 鳳鳥圖案研究, Hangzhou 1984.

27 Laozi, *Daodejing*, Kap. 80, hier in der Übersetzung von Richard Wilhelm.

28 Hansjörg Küster, *Die Entdeckung der Landschaft. Einführung in eine neue Wissenschaft*, München 2012.

29 Siehe hierzu Hans-Georg Moeller, *The Moral Fool. A Case for Amorality*, New York 2009, der in einem Interview auf der Homepage der Columbia University Press erklärt: »I do not argue for immorality, but, as much as possible, for moral abstinence, I argue for amorality, not for immorality.« {cup.columbia.edu/author-interviews/moeller-moral-fool}, letzter Zugriff 1.1.2024.

30 Ferdinand Lessing, *Das fröhliche China. Einführung in die Ausstellung: Chinesen bei Scherz und Spiel im Staatlichen Museum für Völkerkunde, Berlin, vom 17.2. bis 30.4.1934*, Berlin 1934. Siehe auch Kristofer M. Schipper, »China hat immer ein besonderes Wort für Lachen gehabt: hsiaohua«, in: *Unesco Kurier* 4 (1976), S. 28–32.

31 Howard W. French, *Everything Under the Heavens. How the Past Helps Shape China's Push for Global Power*, New York 2017, S. 284: »China's political system operates out of an instinctive distrust of the people it administers, and that distrust is mirrored by the people's feelings toward the system.«

32 Siehe hierzu Schmidt-Glintzer, *Chinas leere Mitte*, S. 35 ff.

33 Siehe Mark Siemons, *Die chinesische Verunsicherung. Stichworte zu einem nervösen System*, München 2017, sowie die Ausführungen in Schmidt-Glintzer, *Chinas leere Mitte*, S. 16 ff.

34 Unter den zahlreichen Ausgaben verweise ich hier nur auf den bei Franz Greno verlegten Band Lu Xun, *Die grosse Mauer. Erzählungen, Essays, Gedichte*, Nördlingen 1987, S. 58–120, hier S. 67.

35 G. W. F. Hegel, *Vorlesungen über die Philosophie der Geschichte. Werke in zwanzig Bänden*, Bd. 12, Frankfurt a. M. 1970, S. 147.

II. Europas Selbstgewissheit

1 Siehe etwa die Ausstellung der Staatlichen Kunstsammlungen Dresden 2021–2022. Cordula Bischoff u. Petra Kuhlmann-Hodick (Hg.), *La Chine. Die China-Sammlung des 18. Jahrhunderts im Dresdner Kupferstich-Kabinett*, Dresden 2021. Siehe auch Wolfgang Bauer, »Zeugen aus der Ferne. Der Eugen Diederichs Verlag und das deutsche China-Bild«, in: Gangolf Hübinger (Hg.),

Versammlungsort moderner Geister. Der Eugen Diederichs Verlag – Aufbruch ins Jahrhundert der Extreme, München 1996, S. 450–485.

2 Wolfgang Schäuble, »Die globale Durchsetzung des westlichen Modells reicht nicht«, in: *Süddeutsche Zeitung* (4.7.2005). Es ist eine Auseinandersetzung mit dem Buch von Joschka Fischer, *Die Rückkehr der Geschichte. Die Welt nach dem 11. September 2001 und die Erneuerung des Westens*, Köln 2005.

3 Kevin Rudd betont, unter Hinweis auf eine Äußerung Präsident Bidens im November 2021, »the need for common-sense guardrails to ensure that competition does not veer into conflict and to keep lines of communication open«. Siehe ders., »Rivals Within Reason? U.S.-Chinese Competition Is Getting Sharper – but Doesn't Necessarily Have to Get More Dangerous«, in: *Foreign Affairs* (20.7.2022).

4 Otto Franke, *Geschichte des chinesischen Reiches*, Berlin 1965, S. XVI. – Vorwort von 1930.

5 Siehe schon Eberhard Sandschneider, »Demokratisierung in China? Perspektiven des politischen Wandels«, in: Gunter Schubert (Hg.), *China – Konturen einer Übergangsgesellschaft auf dem Weg in das 21. Jahrhundert*, Hamburg 2001, S. 21–34.

6 Ich beziehe mich hier ausdrücklich auf Alexander Kluge, *Die Lücke, die der Teufel läßt. Im Umfeld des neuen Jahrhunderts*, Frankfurt a. M. 2003.

7 Zit. n. Thomas Sparr, »Nachwort«, in: Inger Christensen, *Das Schmetterlingstal. Ein Requiem*, Frankfurt a. M. 1998, S. 37–49, hier S. 38–39.

8 Zit. n. dem Abdruck in *Frankfurter Allgemeine Zeitung* (25.11.2006).

9 Novalis, »Die Christenheit oder Europa«, in: Richard Samuel (Hg.), *Novalis Schriften*, Stuttgart 1968, S. 507. Kritisch dazu Karlheinz Gradl, »Novalis und die Ordensburg. Ein Beitrag zur Geschichte des romantischen Blicks«, in: *Scheidewege* 36 (2006/2007), S. 58–69, hier S. 61–62.

10 Siehe Heinz Dieter Kittsteiner, »Romantisches Denken in der entzauberten Welt«, in: Hübinger (Hg.), *Versammlungsort moderner Geister*, S. 486–507.

11 Siehe Paolo Prodi, *Eine Geschichte der Gerechtigkeit. Vom Recht Gottes zum modernen Rechtsstaat*, München 2003. Siehe auch die Auseinandersetzung hiermit bei Jan Schröder, *Verzichtet unser Rechtssystem auf Gerechtigkeit? Zur Entstehung und Bewältigung des Gerechtigkeitsproblems im neuzeitlichen Recht. Eine Auseinandersetzung mit Paolo Prodi*, Stuttgart 2005. Jan Schröder geht es darum, »den Pessimismus, der in Prodis These vom Verlust der Gerechtigkeit liegt, etwas zu relativieren und durch einen nüchterneren Blick auf die neuzeitlichen Rechtstheorien zu ersetzen« (S. 5).

12 Andreas Reckwitz, *Die Erfindung der Kreativität. Zum Prozess gesellschaftlicher Ästhetisierung*, Berlin 2012. Und Claudia Kurkin, *Extraterritorialität. Eine Kategorie des transnationalen Rechts*, Tübingen 2021.

13 Karl Heinz Bohrer, »Utopie ›Europa‹. Eine Ursache ihres Zerfalls«, in: Wilhelm Vosskamp u. a.

(Hg.), *Möglichkeitsdenken. Utopie und Dystopie in der Gegenwart*, München 2013, S. 307–329, hier S. 321–322.

14 Ebd., S. 328.

15 Karl Heinz Bohrer bezieht sich auf Arnold J. Toynbee, *Krieg und Kultur. Der Militarismus im Leben der Völker*, Stuttgart 1950, S. 8.

16 Felix Wemheuer, »Ein- und Überholen des Westens: Globale Zukunftspläne der KPCh von Mao bis Xi«, in: Daniel Fuchs u. a. (Hg.), *Die Zukunft mit China denken*, Wien 2023, S. 114–138, hier S. 138.

17 Siehe Heinrich Meier, *Nietzsches Vermächtnis. Ecce homo und Der Antichrist*, München 2019, S. 263.

18 Peter Schäfer, *Die Schlange war klug. Antike Schöpfungsmythen und die Grundlagen des westlichen Denkens*, München 2022.

19 Siehe Chun Fung Tong, »The Reformation of Social Order in the Qin Empire«, in: *Asia Major* (2023) 3rd ser. Vol. 36.1, S. 95–136.

20 Siehe David W. Pankenier, »A Legendary Sibling Rivalry and Competing Astral Traditions in Early China«, in: *Asia Major* (2023) 3rd ser. Vol. 36.1, S. 137–193.

21 Gedanken hierzu auch in Helwig Schmidt-Glintzer, »Kulturelle Komplexität, Vagheit der Grenzen und Chinas Identität«, in: Andreas Ackermann u. Klaus E. Müller (Hg.), *Patchwork: Dimensionen multikultureller Gesellschaften. Geschichte, Problematik und Chancen*, Bielefeld 2002, S. 129–149.

22 Marie Theres Fögen, *Das Lied vom Gesetz*, München [2]2022, S. 9.

23 Mark Edward Lewis, *Writing and Authority in Early China*, Albany 1999, S. 4: »The implanting of the imperial vision in local society in the form of the written language and its texts also provided the mechanism by which the institution of the empire survived the collapse of each of its incarnations. It was the intellectual commitment of local elites to the text-based dream of empire, and their economic dependence on its reality, that both secured the longevity of the imperial system and led to the omnipresence of the written graph in Chinese culture.«

24 Ebd.

25 Hierzu Schmidt-Glintzer, *Chinas leere Mitte*, S. 37.

26 Siehe auch Thomas Heberer, *Social Disciplining and Civilising Processes in China. The Politics of Morality and the Morality of Politics*, Abingdon, New York 2024.

27 Lucian W. Pye, »China: Erratic State, Frustrated Society«, in: *Foreign Affairs* 4 (1990), S. 58.

28 Zit. n. David Ownby, »China und seine unbekannten Denker«, in: *Le Monde diplomatique* (12.1.2023).

III. Die Götter fernhalten – Spielräume und Weltoffenheit

1 Siehe Zhang Zhiqiang, »Wie man das gegenwärtige China verstehen kann«, in: Yang Ping u. Jan

Turowski (Hg.), *Sozialismusdebatte chinesischer Prägung*, Hamburg 2021, S. 195–208.

2 Platon, *Nomoi*, X, 909d-e.

3 Max Weber Gesamtausgabe [fortan: MWG], I/15, Tübingen, S. 95–98.

4 Ebd., S. 98.

5 Helwig Schmidt-Glintzer, *Wohlstand, Glück und langes Leben. Chinas Götter und die Ordnung im Reich der Mitte*, Frankfurt a. M. 2009.

6 Siehe hierzu Friedrich Wilhelm Graf, *Moses Vermächtnis. Über göttliche und menschliche Gesetze*, München 2006. Lesenswert zu diesem mit »heißer Feder geschriebenen Buch« die Rezension von Marie Theres Fögen, »Trug Mose ein Kopftuch?«, in: *Rechtsgeschichte* 9 (2006), S. 170–171.

7 Albert Schweitzer, *Das Christentum und die Weltreligionen*, München 1924, S. 42.

8 Ebd., S. 8.

9 Es wäre gewiss reizvoll, an dieser Stelle eine Paulus-Exegese, auch im Gespräch mit Theologen in China, fortzuführen, wie etwa 1 Kor 10,20–21 zu verstehen ist. Vgl. hierzu Karl Barth, *Die Auferstehung der Toten. Eine akademische Vorlesung über 1. Kor. 15*, München 1925, und dort besonders »Die Blickrichtung in 1. Kor. 1–14«, S. 2–51, hier besonders S. 26 ff.

10 Stefanie Steinbrecher, »Wir Kulturmenschen«, in: *Max Planck Forschung* 4 (2020), S. 24–29. Siehe auch {www.mpg.de/vielfalt/kulturen}, letzter Zugriff 27.6.2021.

11 Wolfgang Reinhard, »Resonanzsensibilität von Kulturen«, in: *Saeculum* 70:2 (2020), S. 197–212.

Bei aller Wertschätzung für die Produktivität des Reinhardschen Ansatzes melde ich Vorbehalte an gegenüber seiner Rede von »den Asiaten« (S. 201) und seinen Gegenüberstellungen von Japan und China (S. 200). Ich teile aber seine Beobachtung: »Transkulturelle Resonanzsensibilität wurde weltweit erst durch die europäische Expansion zum Problem« (S. 204). Gegenüber der Rede Reinhards von der »hochkomplexen christlichen Religion« (S. 201) würde ich Abstand empfehlen angesichts unseres Wissens von der Komplexität des Phänomens Buddhismus, um nur ein Beispiel zu nennen. – Siehe hierzu Helwig Schmidt-Glintzer, »Das ›Gehör‹ der Chinesen – Musikalität, Nüchternheit und Spielräume oder die Konstruktion von Werthorizonten«, in: Xuan Fang (Hg.), *Polyphonie und Hybridität. Musikaustausch zwischen China und Europa*, Berlin 2022, S. 11–37.

12 Reinhard, »Resonanzsensibilität von Kulturen«, S. 197.

13 Ebd., S. 200.

14 Fabian Heubel, *Was ist chinesische Philosophie? Kritische Perspektiven*, Hamburg 2021, S. 20–21.

15 Reinhard, »Resonanzsensibilität von Kulturen«, S. 207 u. 210. Vgl. auch Helwig Schmidt-Glintzer, »Die gelbe Gefahr«, in: *Zeitschrift für Ideengeschichte* 1 (2014), S. 43–58. Siehe auch Helwig Schmidt-Glintzer, »Warum die Chinesen bunt sind. Überlegungen zur Identität Chinas«, in: Ina Ulrike Paul u. Sylvia Schraut (Hg.), *Rassismus in Geschichte und Gegenwart. Eine interdiszipli-*

näre Analyse. Festschrift für Walter Demel, Berlin 2018, S. 219–236.

16 Reinhard, »Resonanzsensibilität von Kulturen«, S. 203.

17 Jürgen Habermas, *Auch eine Geschichte der Philosophie*, Bd. 1, Berlin 2019, S. 128.

18 Siehe Chunchun Hu u. a. (Hg.), *China-Kompetenz in Deutschland und Deutschland-Kompetenz in China. Multi- und transdisziplinäre Perspektiven und Praxis,* Wiesbaden 2021. Sowie Gabriele Thelen u. a. (Hg.), *Handbuch China-Kompetenzen. Best-Practice-Beispiele aus deutschen Hochschulen*, Bielefeld 2022.

19 Heubel, *Was ist chinesische Philosophie?,* S. 154.

20 Ebd., S. 155–156.

21 »Sergiu Celibidache, ›Man Will Nichts, Man Lässt Es Entstehen‹ (Dokumentation, 1992)«, {www.youtube.com/watch?v=OOz6LlFbPHk}, letzter Zugriff 8.1.2024.

22 Helwig Schmidt-Glintzer, »Der Blitz im Unbewussten. Originalität in China«, in: *Zeitschrift für Ideengeschichte* 1 (2010), S. 46–58. Zu Hundun und dem »Tod des Unbewussten« siehe Dschuang Dsi, *Das wahre Buch vom südlichen Blütenland*, Buch VI, Kap. 7, Düsseldorf, Köln 1951, S. 58–59.

23 MWG I/9, S. 457. Siehe hierzu auch Dirk Kaesler, »›Religiös unmusikalisch‹«. Anmerkungen zum Verhältnis von Jürgen Habermas zu Max Weber«, in: *Literaturkritik.de*, 6 (2009), {literaturkritik.de/id/13142}, letzter Zugriff 27.6.2021. Siehe auch Max Webers Brief an Ferdiand Tönnies vom

19. Februar 1909, MWG II/6, S. 63 ff., sowie seine Ausführungen in einem Zeitungsbericht von 1906, wo dieses Motiv erstmals erscheint. Siehe MWG I/9, S. 457.

24 Carl Johannes Voskamp, *Zerstörende und aufbauende Mächte in China*, Berlin 1898, S. 13. Auf die Feststellung: »China bedarf so sehr des Evangeliums, ohne welches jedes Volk stirbt und verdirbt«, folgt der Satz: »Wenn von zerstörenden, zersetzenden Mächten im chinesischen Volksleben die Rede ist, so haben dieselben ihren tiefsten Grund in der totalen Gottvergessenheit und völligen Weltbesessenheit, die jedes Heidentum, aber besonders das chinesische, kennzeichnet.«

25 MWG I/19, S. 476.

26 Helwig Schmidt-Glintzer, »Zum Thema Wein und Trunkenheit in der chinesischen Literatur«, in: Fritz Steppat (Hg.), *XXI. Deutscher Orientalistentag vom 24. bis 29. März 1980 in Berlin: Vorträge*, Wiesbaden 1983, S. 362–374. – Nicht lange nach seinem Sekten-Aufsatz greift Max Weber in einem Brief an Ferdinand Tönnies vom 19. Februar 1909 das Bild von den Perspektiven für China wieder auf. Darin verhandelt er die Frage, was wissenschaftlich nachweisbar ist: »Sie können nicht ›wissenschaftlich‹ nachweisen, daß die Monarchie […] ›schädlich‹ sei. Sie können dies nicht einmal für die russischen, chinesischen, dschingiskhanischen Monarchien nachweisen.« MWG II/6, S. 63. Man kann die folgenden Argumentationen Webers als rela-

tivistisch bezeichnen, oder aber auch als Beschränkung angesichts der Wertbezogenheit eigener Auffassungen, die niemals im Namen der »Wissenschaft« absolut gesetzt werden können. Weber bestreitet nicht die Möglichkeit der Orientierung an »Werten« und an Werturteilen – und hier folgt dann wieder die Einschränkung, »wenn einer darin nicht ›unmusikalisch‹ ist«.

27 Platon, *Phaidon* 99c9. Vgl. auch Michael Theunissen, »Melancholia und Acedia. Motive zur zweitbesten Fahrt in die Moderne«, in: Ludger Heidbrink (Hg.), *Entzauberte Zeit. Der melancholische Geist der Moderne*, München 1997, S. 16–41, hier besonders S. 21–22.

28 Gustave Le Bon, *Psychologie der Massen*. Mit einer Einführung von Walther Moede, Stuttgart 1939, S. X.

29 Eindrucksvoll die Schilderung von Rongfen Wang, *Steinway*, Berlin 2022.

30 Siehe etwa Wilfried Nippel, *Antike oder moderne Freiheit? Die Begründung der Demokratie in Athen und in der Neuzeit*, Frankfurt a. M. 2008.

31 Siehe Janne Mende, *Kultur als Menschenrecht? Ambivalenzen kollektiver Rechtsforderungen*, Frankfurt a. M. 2015.

32 Der Begriff des »Öffentlichen« oder besser des »öffentlichen Gutes« *gong* 公 hat eine lange Geschichte, besonders in China. Siehe z. B. I-fan Ch'eng, »*Kung* as an Ethos in Late Nineteenth-Century China: The Case of Wang Hsien-ch'ien (1842–1918)«, in: Paul A. Cohen u. John E. Schrecker (Hg.), *Reform in Nineteenth Century*

China, Cambridge, MA 1976, S. 170–180. Für die europäische Vormoderne siehe Gert Melville u. Peter von Moos (Hg.), *Das Öffentliche und Private in der Vormoderne*, Köln 1998.

33 Öffentlichkeiten und Teilöffentlichkeiten, etwa Debatten am Kaiserhof, waren stets Foren des politisch-sozialen Prozesses. Dies ist bis heute selbstverständlich geblieben, und doch hat diese geistige Lebendigkeit im europäischen Chinabild nur selten Aufmerksamkeit gefunden. Siehe Helwig Schmidt-Glintzer, »Strukturwandel der Öffentlichkeit in China«, in: *Orientierungen. Zeitschrift zur Kultur Asiens* 2 (2004), S. 20–66.

34 Wu Sihui 文思慧 u. Zhang Canhui 張燦輝 (Hg.), 公與私人權與公民社會的發展, Hongkong 1995.

35 Ich folge hier Überlegungen von Fögen, *Das Lied vom Gesetz.*

36 Ebd., S. 10.

37 Ebd., S. 18

38 Zuozhuan 403/Zhao 20/6; James Legge (Hg.), *The Chinese Classics. In Seven Volumes*, Hong Kong 1960, Buch 5: 684b beziehungsweise 679.

39 Ronald C. Egan, *Word, Image, and Deed in the Life of Su Shi*, Cambridge, MA 1994, S. 106. Für Konfuzius siehe Lunyu 13:15.

40 Siehe Mo Ti, *Solidarität und allgemeine Menschenliebe*, Düsseldorf, Köln 1975, S. 59.

41 Siehe Ronald C. Egan, *Word, Image, and Deed in the Life of Su Shi*, S. 85.

42 Siehe Su Tung-P'o, *Selections from a Sung Dynasty Poet*, New York 1965, S. 89.

43 Barbara Kandel, »Der Versuch einer politischen Restauration – Liu An, der König von Huai-nan«, in: *Nachrichten der Gesellschaft für Natur- und Völkerkunde Ostasiens* 113 (1973), S. 33–96, hier S. 59.

44 Zu diesem Satz des Han Feizi siehe Felix Bohlen, *Die Darstellung der Remonstration im Guoyu. Eine erzähltheoretische Untersuchung*, Wiesbaden 2023, S. VII. 愎諫而好勝 不顧社稷而輕為自信者 可亡也.

45 Ludwig Wittgenstein, *Philosophische Untersuchungen*, Frankfurt a. M. 1967, S. 227 ff., der Joseph A. Haydt den Anstoß zu einer Neulektüre von Lessing gab: Haydt, »The Method of Lessing's Late Theological Writings«. Der englische Titel der Ausstellung lautet *Gravitational Arena*.

46 Siehe *Jiu Tang shu*, Peking 1975, 190.5003.

47 Xiaojing Miao, »The Marvelous Bookcase. Yang Jiong's ›*Fu* on the Bookcase for Reading While Lying Down‹«, in: *Journal of the American Oriental Society* 3 (2023), S. 499–513.

48 Kong Yingda u. a. (Hg.), *Zhouyi zhengyi*, Peking 2000, 7.341: *tanzesuoyin goushen zhiyuan* 探賾索隱鈎深致遠.

49 Xiaojing Miao, »The Marvelous Bookcase«, S. 502: 寐與周公同夢 靜與孔子同意.

IV. Tradition und Satire

1 Xiaobin Yang, *The Chinese Postmodern. Trauma and Irony in Chinese Avant-Garde Fiction*, Ann Arbor 2002.

2 Zur »Anti-modernen Moderne« siehe Hui Wang, *The Politics of Imagining Asia*, Cambridge, MA 2011, S. 91–93.

3 Heubel, *Was ist chinesische Philosophie?*, S. 18. Eine damit verwandte Position zum Sino-Marxismus vertritt der Schweizer Sinologe Harro von Senger.

4 Ebd., S. 19.

5 Dieser Frage nach geht im Einzelnen Christopher Rea, *The Age of Irreverence. A New History of Laughter in China*, Oakland CA 2015.

6 Siehe Ernst Tugendhat, *Anthropologie statt Metaphysik*, München 2007, S. 45 ff.

7 Ebd., S. 46.

8 Ebd.

9 {www.chinafile.com/document-9-chinafile-translation}, letzter Zugriff 28.6.2021.

10 Wolfgang Fritz Haug führte diesen Begriff in Anlehnung an Antonio Gramscis *società civile* ein. Siehe {www.wolfgangfritzhaug.inkrit.de/documents/GR-UEBERSETZEN.pdf}, letzter Zugriff 7.12.2023.

11 Tugendhat, *Anthropologie statt Metaphysik*, S. 51.

12 Siehe Jürgen Müller, »›The Sound of Silence‹. Von der Unhörbarkeit der Vergangenheit zur Geschichte des Hörens«, in: *Historische Zeitschrift* 1 (2011), S. 1–29. Zum Thema Hören allgemein immer noch lesenswert der Sammelband Thomas Vogel (Hg.), *Über das Hören. Einem Phänomen auf der Spur*, Tübingen 1998.

13 Bertolt Brecht, *Lied von der großen Kapitulation* aus *Mutter Courage und ihre Kinder*. Siehe auch

Albrecht Schöne, *Säkularisation als sprachbildende Kraft. Studien zur Dichtung deutscher Pfarrersöhne*, Göttingen 1958.

14 Siehe hierzu Laurence A. Schneider, *A Madman of Ch'u. The Chinese Myth of Loyalty and Dissent*, Berkeley 1980.

15 Wei Ling, *Der Traum der roten Kammer. Die erzählerische Komplexität eines chinesischen Meisterwerks*, Wiesbaden 2019, S. 1.

16 Kam-Ming Wong, »Point of View, Norms, and Structure: *Hong-lou Meng* and Lyrical Fiction«, in: Andrew H. Plaks (Hg.), *Chinese Narrative. Critical and Theoretical Essays*, Princeton 1977, S. 203–226, hier S. 203 ff. Und Cao Xueqin, *The Story of the Stone*, Bd. 1, London 1973.

17 Wei Ling, *Der Traum der roten Kammer*, S. 354.

18 *Mao Zedong xuanji*, Jinan 1967, S. 829. Zit. n. Mao Tse-tung, *Ausgewählte Werke*, Bd. 3, Peking 1969, S. 103. Vgl. Bonnie S. McDougall, *Mao Zedong's »Talks at the Yan'an Conference on Literature and Art«. A Translation of the 1943 Text with Commentary*, Ann Arbor 1980, S. 80 f.

19 Siehe Christoph Harbsmeier (Hg.), *The Cartoonist Feng Zikai. Social Realism with a Buddhist Face*, Oslo 1984, S. 104.

20 Maos Version des *Shijing*, Lied 257, Satz 8, wo sich dies auf den Eigensinn des Herrschers bezieht.

21 Dazu Le Bon, *Psychologie der Massen*.

22 Giuseppe Verdi, *Don Carlos*, in der vieraktigen italienischen Version 1. Aufzug, 3. Auftritt.

23 Vladimir Jankélévitch, *Die Ironie*, Berlin 2012, S. 167.

24 Siehe hierzu Wolfgang Bauer (Hg.), *Chinesische Comics. Gespenster, Mörder, Klassenfeinde*, Düsseldorf, Köln 1976.

25 Zu Feng Zikai siehe Christoph Harbsmeier (Hg.), *The Cartoonist Feng Zikai.*

26 Wolfgang Behr, »Inscription Placement, the Ineffability of Language, and Discourses on Hiddenness: Marginalia on the Prehistory of Subtlety (*wei*) in Early China«, in: Henriette Hofmann u. a. (Hg.), *Enthüllen und Verbergen in der Vormoderne / Revealing and Concealing in the Premodern Period*, Paderborn 2021, S. 87–126.

27 Patricia M. Thornton, »Party All the Time: The CCP in Comparative and Historical Perspective«, in: *The China Quarterly* 248, Supplement S1 (2021), S. 1–15, hier S. 5.

28 State Council Information Office of the PRC, *China: Democracy That Works*, (4.12.2021), {english.scio.gov.cn/whitepapers/2021-12/04/content_77908921.htm?bsh_bid=5657987748}. Vgl. dazu Nele Noesselt, »Multilateralismus-Debatten im Schatten von Weltordnungskontroversen: Globaler Multilateralismus statt Multipolaritätsvisionen«, in: *Multilateralismus weiter denken* (27.1.2022), {multilateralismus.com/de/blog/noesselt-globaler-multilateralismus-statt-multipolarittsvisionen}, letzter Zugriff beide 28.2.2022. Zur heutigen Sozialismusdebatte siehe Yang Ping u. Jan Turowski (Hg.), *Sozialismusdebatte chinesischer Prägung.*

29 Siehe Schmidt-Glintzer, *Wohlstand, Glück und langes Leben*, S. 358 ff.

30 Siehe {queensmuseum.org/2014/11/zhang-hong-tu}.

31 Siehe hierzu auch den Hinweis in Schmidt-Glintzer, *Der Edle und der Ochse*, S. 78.

32 Siehe {english.www.gov.cn/policies/latestreleases/202111/16/content_WS6193a935c6d0df57f98e50b0.html}, letzter Zugriff 1.3.2022. Vgl. Patricia M. Thornton, »Through the Mirror of CCP History: Four Perspectives«, in: *The China Quarterly* 248, Supplement S1 (2021), S. 283–291.

33 Thornton, »Party All the Time«, S. 12–13.

34 Zum Zusammenhang siehe Longxi Zhang, *Allegoresis. Reading Canonical Literature East and West*, Ithaca, London 2005, S. 236–237.

35 Deutsche Erstveröffentlichung: *Verrat an der Diktatur des Proletariats. Der Kernpunkt des Buches über die »Selbstschulung«*, Peking 1967. – Mit dem »obersten Machthaber« war Liu Shaoqi (1898–1968) gemeint.

36 Perry Link, »The Crocodile Bird: *Xiangsheng* in the Early 1950s«, in: Jeremy Brown u. Paul G. Pickowicz (Hg.), *Dilemmas of Victory. The Early Years of the People's Republic of China*, Cambridge, MA 2007, S. 207–231, hier S. 210.

37 Jankélévitch, *Die Ironie*, S. 11.

38 Siehe Longxi Zhang, *Allegoresis*, S. 238.

39 Søren Kierkegaard, *Über den Begriff der Ironie. Mit ständiger Rücksicht auf Sokrates*, Düsseldorf, Köln 1961, S. 333–334.

40 Lu Xun, *Wilde Gräser*, Peking 1978, S. 86–90.

41 Lu Xun, *Die grosse Mauer*.

42 Rea, *The Age of Irreverence*, S. 79 ff.

43 Christoph Harbsmeier, »*Confucius Ridens*: Humor in the *Analects*«, in: *Harvard Journal of Asiatic Studies* 50:1 (1990), S. 131–161.

44 Zum Thema Heiterkeit in China siehe Helwig Schmidt-Glintzer, »Von blanken Spiegeln und lichten Seelen. Ostwestliche Gedanken zu Heiterkeit und Erlösung«, in: Li Xuetao u. a. (Hg.), *Open Horizon. Essays in Honour of Wolfgang Kubin. Festschrift für Wolfgang Kubin zum 70. Geburtstag*, Peking, Düsseldorf 2016, S. 197–224.

V. Schriftzeichensystem und Paradoxie

1 Lothar Ledderose, *China Schreibt Anders*, Stuttgart 2021, S. 4–5.

2 Wm. C. Hannas, *Asia's Orthographic Dilemma*, Honolulu 1997.

3 Edgar Snow, *Roter Stern über China. Mao Tsetung und die chinesische Revolution*, Frankfurt a. M. 1974, S. 423.

4 John DeFrancis, *The Chinese Language. Fact and Fantasy*, Honolulu 1984, S. 245 ff.; zur Föderation S. 253–254. Siehe auch ders., *Visible Speech. The Diverse Oneness of Writing Systems*, Honolulu 1989.

5 DeFrancis, *The Chinese Language*, S. 266.

6 Das Pinyin war aus den Alphabetisierungsbemühungen hervorgegangen, welche 1931 in Wladiwostok von chinesischen Kommunisten und russischen revolutionären Kommunisten beschlossen worden waren, um durch die Alpha-

betisierung und die Ersetzung des als »feudalistisches Relikt« betrachteten Systems der Schriftzeichen alle Sprachen in ein lateinisches Alphabet zu überführen. Siehe Uluğ Kuzuoğlu, »The Chinese Latin Alphabet: A Revolutionary Script in the Global Information Age«, in: *The Journal of Asian Studies* 81:1 (2022), S. 23–41.

7 Richard VanNess Simmons, »Whence Came Mandarin? Qīng Guānhuà, the Běijīng Dialect, and the National Language Standard in Early Republican China«, in: *Journal of the American Oriental Society* 1 (2017), S. 63–88, hier S. 65 f.

8 Siehe Elisabeth Kaske, *The Politics of Language in Chinese Education, 1895–1919*, Leiden 2008.

9 Zit. n. Richard VanNess Simmons: »Whence Came Mandarin?«, S. 64. Der Text Haishang tongxin 海上通信 findet sich in *Lu Xun quanji*, Bd. 3, Peking 1973, S. 384–388.

10 DeFrancis, *The Chinese Language*, S. 240.

11 Siehe Helwig Schmidt-Glintzer, »Die Manipulation von Omina und ihre Beurteilung bei Hofe: das Beispiel der Himmelsbriefe Wang Ch'in-hos unter Chen-Tsung (regierte 998–1023)«, in: *Asiatische Studien – Études asiatiques* 35:1 (1981), S. 1.

12 Wm. C. Hannas, *Asia's Orthographic Dilemma*, S. 295–296.

13 DeFrancis, *The Chinese Language*, S. 39.

14 *The Cambridge History of China*, Bd. 14, 1987, S. 16.

15 Eine bezaubernde Ausgabe liegt nun zweisprachig und kommentiert vor von Eva Lüdi Kong

(Hg.), *Qianziwen – Der 1000 Zeichen Klassiker*, Ditzingen 2018.

16 Siehe Ledderose, *China Schreibt Anders*, S. 89.

17 Ebd., S. 85.

18 Siehe Thomas O. Höllmann, *Die chinesische Schrift. Geschichte, Zeichen, Kalligraphie*, München 2015, S. 104.

19 Hierzu forscht die Historikern Pascale Siegrist.

20 DeFrancis, *The Chinese Language*, S. 260.

21 Manfred Osten, »Leibniz oder Chinesisch als Weltsprache? Zur Aktualität der Konfuzius-Institutsgründungen«, in: *Die politische Meinung* 446 (2007), S. 18–20, hier S. 20.

22 Ledderose, *China Schreibt Anders*, S. 81: »Im Chinesischen wird ›Thermolumineszenz‹ einfach mit drei Zeichen wiedergegeben: *reshi guang* 熱釋光, ›warmer Lichtstrahl‹. Man merkt *reshi guang* nicht an, dass es ein neues Wort ist und dass die Technik, die es bezeichnet, aus dem Westen kommt.«

23 Siehe Heubel, *Was ist chinesische Philosophie?*, S. 20. Heubel bezieht sich auf Chen Yun 陳贇, *Himmelunten oder zwischen Himmel und Erde: Der klassische Horizont chinesischen Denkens* [Titel übersetzt aus dem Chinesischen], Shanghai 2007, S. 110–111.

24 Micha Brumlik, »Der Kampf der Weltanschauungen. China gegen den Westen: Von Kant über ›Habeimasi‹ zu ›Tianxia‹«, in: *Blätter für deutsche und internationale Politik* 10 (2020), S. 81–90, hier S. 85.

25 Heubel, *Was ist chinesische Philosophie?*, S. 20.

26 Habermas, *Auch eine Geschichte der Philosophie*, S. 128.

27 Yu Hua, *China in zehn Wörtern. Eine Einführung*, Frankfurt a. M. 2012.

28 Siehe Zhuo Xinping, »Zur Geschichte der Sinisierung des Katholizismus in China«.

29 Siehe Wolfgang Bauer, *China und die Hoffnung auf Glück. Paradiese, Utopien, Idealvorstellungen*, München 1971, S. 522–528.

30 Siehe Bredekamp, *Bild, Recht, Zeit*, S. 9.

31 Kia Vahland, »Doppelmord an Mensch und Werk. Ein Interview mit Horst Bredekamp«, in: *Süddeutsche Zeitung* (12.1.2015).

32 *Fayuan zhulin*, 13 T. 53 Nr. 2123, 383b27-c13.

33 Den Hinweis auf diesen Bericht verdanke ich Robert Ford Campany, und seinem unveröffentlichten Text von 1995 *À la recherche de la religion perdue: »Aśokan Stūpas«, Images, and the Cult of Relics in Early Medieval China.*

34 Søren Kierkegaard, »Thesen zur Promotionsdisputation«, in: ders., *Über den Begriff der Ironie*, S. 3–4.

35 MWG I/19, S. 451.

36 Thomas A. Metzger, *Escape from Predicament. Neo-Confucianism and China's Evolving Political Culture*, New York 1977.

37 Kierkegaard, *Über den Begriff der Ironie*, S. 334.

38 Ebd., S. 332.

39 Christiane Tietz, *Dietrich Bonhoeffer. Theologe im Widerstand*, München [2]2019, S. 105.

40 Ursula Panhans-Bühler, »Chinironia – Ironie in China?«, in: *Kunstforum* Bd. 213 (2012), S. 126–141, hier S. 140.

41 Huang Liaoyu, »Aufklärung in China, wozu?«, in: Otfried Höffe (Hg.), *Im Namen der Aufklärung*, Tübingen 2011, S. 68–91, hier S. 91.

VI. Distanziertheit des Himmels und reale Gespenster

1 Siehe {blog.sina.com.cn/s/blog_46eacfc90100048p.html}, letzter Zugriff 10.1.2022.

2 Monika Motsch, *Mit Bambusrohr und Ahle. Von Qian Zhongshus Guanzhuibian zu einer Neubetrachtung Du Fus*, Frankfurt a. M. 1994, S. 203.

3 Schmidt-Glintzer, *Wohlstand, Glück und langes Leben*, S. 27. Vgl. auch Hermann-Josef Röllicke, »Die ›Als-ob‹-Struktur der Riten. Ein Beitrag zur Ritualhermeneutik der Zhanguo- und Han-Zeit«, in: Michael Friedrich (Hg.), *Han-Zeit. Festschrift für Hans Stumpfeldt*, Wiesbaden 2006, S. 517–533.

4 Tietz, *Dietrich Bonhoeffer*, S. 113–114.

5 Institut für Literatur an der Chinesischen Akademie der Sozialwissenschaften, *Geschichten von denen, die keine Gespenster fürchten*, Peking [2]1980, S. 1 u. 5.

6 Xiaoxuan Wang, »Standardization, Bureaucratization, and Convergence: The Transformation of Governance of Religion in Urbanizing China«, in: *The Journal of Asian Studies* 80:3 (2021), S. 611–629.

7 Katharina Wenzel-Teuber, »Einschränkungen der Religionsausübung Minderjähriger durch

den Staat – Rechtliches und Praktisches«, in: *China heute* 40:4 (2021), S. 207–210.

8 Siehe Legge, *The Chinese Classics. In Seven Volumes*, Bd. 3, *The Shoo King or The Book of Historical Documents*, S. 292.

9 Zu dieser auf die Ressourcen achtenden Position bereits sehr früh Mo Ti; vgl. *Gegen den Krieg*, Düsseldorf, Köln 1975, S. 111 ff.

10 Lothar von Falkenhausen, *Suspended Music. Chime-Bells in the Culture of Bronze Age China*, Berkeley, Los Angeles 1993.

11 Siehe Reckwitz, *Die Erfindung der Kreativität.*

12 Heinrich Geiger, *Den Duft hören. Natur, Naturbegriff und Umweltverhalten in China*, Berlin 2019.

13 {blog.endokrinologie.net/absolutes-gehoer-2570/}, letzter Zugriff 28.6.2021.

14 Li Gi, *Das Buch der Sitte des älteren und jüngeren Dai. Aufzeichnungen über Kultur und Religion des alten China*, Düsseldorf, Köln 1958, S. 75; Liji shu, j.37.12b (Ausgabe Shisanjing zhushu 1815). Richard Wilhelm übersetzt: »Die Musik kommt aus dem Inneren hervor. Die Sitten gestalten von außen her.« Ich folge hier einem Vorschlag von Achim Mittag.

15 Ebd. in der Übersetzung von Richard Wilhelm.

16 Zit. n. Zhu Zhirong, *Philosophie der chinesischen Kunst*, Münster 2020, S. 101.

17 Siehe hierzu ebd., S. 36 ff.

18 *Cultivating Stillness. A Taoist Manual for Transforming Body and Mind*, Boston 1992.

19 Siehe Li Zehou, *The Chinese Aesthetic Tradition*, Honolulu 2010, besonders S. 33, wo er sich auf

den Satz 詩者志之所之也在心為志發言為詩 im Großen Vorwort zum Buch der Lieder bezieht. Siehe Mao shi zhushu I/1 5A (Ausgabe Shisanjing zhushu 1815). – Siehe auch Li Zehou, *Der Weg des Schönen*, Freiburg 1992.

20 Hierzu Schmidt-Glintzer, »Traditionalismus und Geschichtsschreibung in China«.

21 Li Gi, *Das Buch der Sitte*, S. 76; Liji shu, j.37.15b.

22 Helwig Schmidt-Glintzer, »Herrschaftslegitimation und das Ideal des unabhängigen Historikers im mittelalterlichen China«, in: *Oriens Extremus* 38:1/2 (1995), S. 91–107.

23 Richard Wilhelm, *Einleitung*, in: Kungfutse, *Gespräche (Lun Yü)*, Jena 1910, S. IV–V.

24 Ebd.

25 Ebd.

26 Carl Johannes Voskamp, *Unter dem Banner des Drachen und im Zeichen des Kreuzes*, Berlin 1898, S. 11.

27 Wilhelm Grube, *Religion und Kultus der Chinesen*, Leipzig 1910.

28 Berndt, *Der Kult der Drachenkönige*.

29 Ein Beispiel ist die 2021 erschienene Übersetzung meiner *Geschichte der chinesischen Literatur*.

30 Iwo Amelung (Hg.), *Discourses of Weakness in Modern China. Historical Diagnoses of the »Sick Man of East Asia«*, Frankfurt a. M. 2020.

31 Vgl. Schmidt-Glintzer, »Die gelbe Gefahr«.

32 Raymond Dawson, *The Chinese Chameleon. An analysis of European conceptions of Chinese civilization*, London 1967.

33 »Pekings Zorn auf Antonionis China«, in: Der Spiegel 10 (1974). Vgl. *A Vicious Motive, Despicable Tricks – A Criticism of M. Antonioni's Anti-China Film China*, Peking 1974. Dort, einer Übersetzung eines Zeitungsartikels vom 30. Januar 1974, findet sich nicht der Ausdruck »Wurm, der für die Russen spricht«.

34 Heinz Bude, *Die ironische Nation. Soziologie als Zeitdiagnose*, Hamburg 1999. Siehe hierzu Tilman Reitz, »The Ironic Cage Revisited. Soziologische Ironie«, in: Dirk von Petersdorff u. Jens Ewen (Hg.), *Konjunkturen der Ironie – um 1800, um 2000*, Heidelberg 2017, S. 195–207.

35 Nach der Ausstellung *China Avantgarde* 1993 im Haus der Kulturen der Welt in Berlin hat es in Europa eine große Zahl von Ausstellungen von chinesischer Gegenwartskunst gegeben.

36 Siehe Ning Ma, *Varianten der Ironie. Darstellungen der Kulturrevolution in der zeitgenössischen chinesischen Malerei 1988–2006*. Hamburg 2013.

37 Siehe Bauer, *China und die Hoffnung auf Glück*, S. 459–462.

38 Ai Weiwei, »Wir sind nicht frei, wir waren es nie«, in: *Süddeutsche Zeitung Magazin* 46 (17.11.2023). Eine ähnliche Position wird Peter Bieri zugeschrieben: »Die Grenzen, die dem Willen durch die Welt gezogen werden, sind kein Hindernis für die Freiheit, sondern deren Voraussetzung.«

39 Volker Braun, *Vom Fortbestehen. Eine Dreinrede*, Kamenz 2018, S. 16 f.

40 Platon, *Phaidon* 115c-d. Vgl. Burkhard Gladigow, »›Tiefe der Seele‹ und ›inner space‹. Zur

Geschichte eines Topos von Heraklit bis zur Science Fiction«, in: Jan Assmann (Hg.), *Die Erfindung des Inneren Menschen. Studien zur religiösen Anthropologie*, Gütersloh 1993, S. 114–131, hier S. 115 f.

41 Siehe Schmidt-Glintzer, *Wohlstand, Glück und langes Leben*, S. 391.

VII. Verstellung und Überwindung von Grenzen

1 Schmidt-Glintzer, *Chinas leere Mitte.*

2 Hierzu verweise ich auf die Monografie: Mark Elvin, *The Retreat of the Elephants. An Environmental History of China*, New Haven 2004. Siehe auch den Sammelband Mark Elvin u. Liu Ts'ui-jung (Hg.), *Sediments of Time. Environment and Society in Chinese History*, Cambridge 1998. Kritisch zur »Unterwerfung der Natur« in China bereits Heiner Roetz, *Mensch und Natur im Alten China. Zum Subjekt-Objekt-Gegensatz in der klassischen chinesischen Philosophie, zugleich eine Kritik des Klischees vom chinesischen Universalismus*, Frankfurt a. M. 1984, S. 78 ff.

3 Katharine P. Burnett, *Dimensions of Originality. Essays on Seventeenth-Century Chinese Art Theory and Criticism*, Hong Kong 2013. In ihrer Studie zu dem Kunstsammler Pang Yuanji zeigt Burnett, wie chinesische Kunstgeschichte durch Sammler und deren Expertise und Individualität geformt wird: Katharine P. Burnett, *Shaping*

Chinese Art History. Pang Yuanji and His Painting Collection, Amherst 2020.

4 Siehe Helmut Mauró, »Komponist und Hetzer. Alex Ross' eindrucksvolles Buch über Richard Wagners Einfluss im 20. Jahrhundert«, in: *Süddeutsche Zeitung* (2./3.1.2021).

5 Siehe Albert von Schirnding, »Zweierlei Lohengrin«, in: ders., *Alter Mann, was nun? Gedankengänge auf späten Wegen*, München 2023, S. 47–48.

6 Carl Gustav Jung, »Zum Gedächtnis Richard Wilhelms«, in: *Das Geheimnis der Goldenen Blüte. Ein chinesisches Lebensbuch*, Olten [3]1971, S. XI–XXI.

7 Ebd., S. XII.

8 Ebd., S. XIII.

9 Ebd., S. XIV.

10 Ebd., S. XIX. – Weitere Ergebnisse des Forschungsprojekts *Experimental Concert Research*, die auf kollektives Erleben hindeuten, bleiben abzuwarten. Siehe Wolfgang Tschacher u. a., »Audience synchronies in live concerts illustrate the embodiment of music experience«, in: *Scientific Reports* 13, 14843 (2023), {www.nature.com/articles/s41598-023-41960-2}, letzter Zugriff 4.1.2024.

11 Markus Gabriel, *Fiktionen*, Berlin 2020, S. 60.

12 Ebd.

13 MWG I/19, S. 476.

14 Siehe Jaeho Kang, »The Media Spectacle of a Techno-City: COVID-19 and the South Korean Experience of the State of Emergency«, in: *The Journal of Asian Studies* 3 (2020), S. 589–598,

hier S. 591. Siehe auch David S. Roh u. a. (Hg.), *Techno-Orientalism. Imagining Asia in Speculative Fiction, History, and Media*, New Brunswick, NJ 2015.

15 Jennifer Ratner-Rosenhagen hat über die Rolle des Unverfügbaren und (scheinbar) Verborgenen im deutschen und amerikanischen Denken im 20. Jahrhundert anregende Überlegungen angestellt, die fortgeführt werden könnten; dies.: »Asking the Impossible: The Hunger for the Unknowable in Twentieth-Century American and European Thought«, 35th Annual Lecture of the German Historical Institute, Washington, November 11, 2021, {www.ghi-dc.org/fileadmin/publications/Bulletin/bu69/GHI69fall_02FEA-Ratner-Rosenhagen_Fpp.pdf}, letzter Zugriff 13.3.2024.

16 Teng-Leong Chew hat in seinem Beitrag »The Identity of the Chinese Poem Mahler Adapted for ›Von der Jugend‹«, in: *Naturlaut* 3 (2004): S. 5–7, darauf hingewiesen, dass der als »Porzellan« übersetzte Begriff in dem Gedicht Li Bais als Familienname gelesen werden muss. So kommt man auf das Gedicht *Bankett am Pavillon der Familie Tao* (Yan Taojia tingzi 宴陶家亭子). Eine vorläufige Übersetzung könnte lauten: »Gewundener Pfad einsam bei der Klause / Weit ab vom Hohen Tor der Residenz des Gelehrten / Im See gespiegelt die Gestalten / Wipfel ragen in die bunte Blütenpracht / Quirlwasser verbirgt das Frühlingssonnenlicht / Lichtgrüne Räume verheimlichen die Schatten des Abends / Als

hörte man Saiten- und Flötenspiel wunderbar / Ohne Gegenüber im Goldenen Tal.« – Das »Goldene Tal« verweist als Ort des Pavillons darauf, dass das geschilderte Gefühl abseits des Banketts gewissermaßen in der Natur entsteht, auf gewundenem Pfad entfernt vom Hohen Tor der Residenz. – Hier könnte sich eine erweiterte Diskussion zur Vergegenwärtigung des Altertums anschließen. Siehe Jörg Henning Hüsemann, *Das Altertum vergegenwärtigen. Eine Studie zum Shuijing zhu des Li Daoyuan*, Leipzig 2017.

17 Ritter Erwin von Zach, *Die chinesische Anthologie. Übersetzungen aus dem Wen hsüan*, Cambridge, MA 1958, S. 843 (*Wenxuan* 55.11) – Siehe auch *Jinwen* 33, S. 11a. – Zu Shi Chong siehe Hellmut Wilhelm, »Shih Ch'ung and His Chin-ku-yüan«, in: *Monumenta Serica* 18 (1959), S. 315–327, der auf S. 324–325 das Gedicht selbst überträgt.

18 Siehe Schmidt-Glintzer, *Geschichte der chinesischen Literatur*, S. 353 ff.

19 Siehe hierzu Eugenia Werzner, *Ein neuer Klang der alten Lieder. Eine Analyse des Bedeutungsbegriffs in qingzeitlichen Shijing-Kommentaren*, Leipzig 2020, S. 53.

20 Jerome Silbergeld u. Dora C. Y. Ching (Hg.), *Persistence/Transformation. Text as Image in the Art of Xu Bing*, Princeton 2006.

21 J. E. E. Pettit u. Matthew Wells, »Revelation in Early Daoist Hagiography: A Study of *The Traditions of Lord Pei*«, in: *Asia Major* (2020) 3rd ser. Vol. 33.2, S. 1–24.

22 Leigh K. Jenco u. Jonathan Chappell, »Overlapping Histories, Co-produced Concepts: Imperialism in Chinese Eyes«, in: *The Journal of Asian Studies* 79:3 (2020), S. 685–706. Zum differenzierten Umgang mit Mongolen und Mandschu in der Qing-Zeit siehe auch Matthew W. Mosca, »Neither Chinese Nor Outsiders: Yi and Non-Yi in the Qing Imperial Worldview«, in: *Asia Major* (2020) 3rd ser. Vol. 33.1, S. 103–146.

23 Mark Halperin, »Critical Patronage: A Few Southern Song Confucians and Daoism«, in: *Asia Major* (2020) 3rd ser. Vol. 33.2, S. 93–134, hier S. 101–102.

24 Siehe Schmidt-Glintzer, »Kulturelle Komplexität, Vagheit der Grenzen und Chinas Identität«.

25 Werzner, *Ein neuer Klang der alten Lieder*, S. 25.

26 Gregory Fayard, »Sun, Sand and Submachine Guns: Tourism in a Militarized Xinjiang, China«, in: *The China Quarterly* 1 (2021), S. 1129–1151, hier S. 1136.

27 Zihan Guo, »Self-Reflexive Vulgarity in Wang Fanzhi's Poetry«, in: *Sino-Platonic Papers* 322 (2022), {www.sino-platonic.org}.

28 Panhans-Bühler, »Chinironia«, S. 140–141.

29 Ebd., S. 140.

30 Sun Longji, *Das ummauerte Ich. Die Tiefenstruktur der chinesischen Mentalität*, Esslingen 2023, S. 37.

31 Ebd., S. 369.

32 Kai Strittmatter, *Die Neuerfindung der Diktatur. Wie China den digitalen Überwachungsstaat aufbaut und uns damit herausfordert*, München 2018.

33 So die Formulierungen von Lothar Ledderose, in: »Grenzenlose Schöpfung. Die Rückkehr des Malers Zao Wou-Ki zum chinesischen Ursprung«, in: *Frankfurter Allgemeine Zeitung* (18.11.2023). Die Fortentwicklung und Neuentfaltung chinesischer Traditionen im Lichte der intensiven Beschäftigung mit europäischen Positionen hat längst stattgefunden. Für das Gebiet der Philosophie und der Hegelforschung ist hier He Lin ein treffliches Beispiel. Siehe Martin Müller, *He Lin (1902–1992). Neukonfuzianer, Idealist und Kulturphilosoph im China des 20. Jahrhunderts. Eine intellektuelle Biographie*, Wiesbaden 2015.

34 Gottfried Benn, *Gedichte. Gesammelte Werke in vier Bänden*, Bd. 3, Wiesbaden 1960, S. 20.

35 Karl Haushofer, *Geopolitik der Pan-Ideen*, Berlin 1931.

36 Schmitt, *Der Nomos der Erde*, S. 256 ff.

37 Viatcheslav Vetrov, »Von Schweinen im Kraut und Läufen mit Hindernissen: Ein Versuch über die Ironie in Max Webers *China-Studie*«, in: *Saeculum* 2 (2015), S. 321–348, hier S. 345.

38 Theodor Fontane, *Effi Briest*, in: ders., *Gesammelte Werke*, Bd. 3, München 1979, S. 47.

Erste Auflage Berlin 2024

Großbeerenstraße 57 A, 10965 Berlin
info@matthes-seitz-berlin.de

Satz: Monika Grucza-Nápoles, Cartagena
Druck und Bindung: Art-Druk, Szczecin
Umschlaggestaltung nach einer Idee von
Pierre Faucheux

ISBN 978-3-7518-3026-3
www.matthes-seitz-berlin.de